面白いほど詰め込める勉強法

究極の文系脳をつくる

敦

GS
幻冬舎新書
316

序文・こんな本を書くための言い訳

渡部昇一（一九三〇－　）の『知的生活の方法』（講談社現代新書、一九七六）というのがある。これはベストセラーになった。知的生活といっても、何のことかはすぐにははっきりしない。私は、いくつかある「勉強法」の本の中では、これが一番有益だと思った。続編も出ており、これも読んだ。ほかに、この手の、一般書、特に新書版などで出た読書・勉強法の本の目ぼしいところをあげると、

・加藤周一（一九一九－二〇〇八）『頭の回転をよくする読書術』（光文社カッパブックス、一九六二）のち岩波現代文庫
・川喜田《かわきた》二郎（一九二〇－二〇〇九）『発想法　創造性開発のために』（中公新書、一九六七）
・梅棹忠夫（一九二〇－二〇一〇）『知的生産の技術』（岩波新書、一九六九）
・呉智英《くれともふさ》（一九四六－　）『読書家の新技術』（情報センター出版局、一九八二）のち朝日文庫
・小林康夫・船曳《ふなびき》建夫編『知の技法』（東大出版会、一九九四）

・野口悠紀雄《ゆきお》（一九四〇-　）『「超」勉強法』（講談社、一九九五）のち文庫
・福田和也（一九六〇-　）『ひと月百冊読み、三百枚書く私の方法』（PHPソフトウェア・グループ、二〇〇一）のち文庫

などが、売れたり、話題になったりしたものであろう。ほかに、鷲田小彌太《わしだこやた》（一九四二-　）のように、この種の本を多量に書いている人もいる。

さて、私はといえば、この中では渡部のものが一番いいことが書いてあると思うが、私が若かった一九八〇年代は、右派の論客である渡部はそれなりにバカにされていて、呉智英などは攻撃して、略して「知方（チホー）」などと呼んでいた。その呉のものは、文庫になってから買って、これは熟読玩味した。加藤周一のものは、カッパブックス時代に読んだ。あまり私が影響を受けなかったのは、梅棹であり、川喜田にいたってはざっと見ただけである。野口のものは、はっきり、よくないと思った。特に英語の学び方について、前に批判したことがある。

しかし、私のように、大学院へ行って学者になった人間ならともかく、普通に勤め人になった人たちは、何を求めてこうした本を読むのであろうか。

とりあえず、大卒の人について言えば、大学時代というのは、学問があるとどういういいことがあるか、分からずにいるものである。私も多分にそういうところがあった。むしろ、齢を

とり、三十代、四十代になって、ああ、ちゃんと大学で勉強しておけば良かったなあと思うものである。特に私の場合、英文科出身なのに英語をちゃんとやらなかったので、あとで苦労した。西部邁《にしべすすむ》（一九三九‐　）は、学生運動をしていたから、英語が下手であると言い、あれは独学ではだめで、大学で先生を前に、テキストを訳読して叱られたりしながらでないと身につかないものらしいと書いているが、その通りである。

さて、こういう本を書く人たちというのは、自分は既にしてかなりの知識を身につけた知識人であると自負して書いているものである。加藤周一、梅棹など、没後、大知識人として関連書籍がいくつも出ている。加藤はこの本を、口述筆記で一週間で書いたそうである（江藤淳『アメリカと私』）。時に加藤は四十三歳（なお私はこういう時に、生月日と刊行月から、満年齢を計算するというのは面倒でばからしいと思うので、年次から生年を引いた「単純年齢」というのを使う）。渡部は四十六歳、梅棹は四十九歳、川喜田は四十七歳、呉は三十六歳、野口は五十五歳、福田は四十一歳である。だいたい四十代が多いが、呉が特段に若い。呉と加藤以外は大学教授で、出身大学は、加藤が東大医学部、梅棹、川喜田が京大院、野口は東大工学部院、福田は慶大仏文科院、渡部は上智英文科院、呉が早大法学部である。編著だが、小林と船曳は東大人文系の院である。

さて、文藝評論家の斎藤美奈子（一九五六－　）の『文章読本さん江』（筑摩書房、二〇〇二、のち文庫）という本があり、小林秀雄賞を受賞している。これは、谷崎潤一郎以来の「文章読本」を、やたら多くの人が書いているのを揶揄《やゆ》した批評である。

つまり、「おら、俺に書かしてみな」という「おじさん」的な姿勢である、というわけである。俺は書けるんだからよ、名文家なんだからよ、というわけである。しかしその直後、おそらく斎藤を快く思っていないだろう林真理子が、婦人雑誌の附録で、あえて「文章読本」を書くという挙に出ているが、単行本にはなっていない。

つまり斎藤は、近ごろはやりの「上から目線」だと批判したわけだが、どうもこの「上から目線」という言葉は妙で、教師が生徒に説教したり、上司が部下を叱ったりするのが「上から」になるのは当たり前のことで、なに？　お前と俺と平等だとでも思ってんの？　と言いたくなるのである。

そんなご時世とあれば、なおさら、「知の技法」だの、「知的生活の方法」だのというのは、なにお前自分がそんなに博識で人に方法を教える立場にあると思ってんの？　というツッコミを招きやすいものなのである。

しかしもちろん、そういう本はあっていいもので、私は十年以上前に『バカのための読書術』（ちくま新書、二〇〇一）というのを書いているが、今回は読書を含めて、知識整理の方法を書こうというのである。実は編集者からは「博覧強記になるための」といったタイトルを提案されたのだが、それは辞退した。それだといかにも、私自身が博覧強記だと自分で思っているようで反感をかうに違いないからである。

ネットのレビューなどで、私がそう言われることはあるが、私の専門は比較文学比較文化というへんてこなものであるから、あれこれ知っているのは、本来はそれで普通だと思っている。日本史とか古典文学とかを専攻している人は、それぞれの分野での知識は私よりずっと深いのだが、私の場合は浅い。谷崎潤一郎とかの伝記を書いているから、その周辺だけは深いが（というのは、作品読解のことではない）、それだけである。

さてしかし、世の中にはいろいろな人がいる。高卒もいれば、年齢もさまざまである。そういうことも考えて書いていきたいと思うのだが、勤労者は、いつ勉強できるのかということを考えると、これは頭が痛い。ものすごく忙しい人もいるからである。

次に、経済状態のことも考えなければならない。先にあげた本の中で、貧乏でありながら勉強をしたいという人のことも考えているのは、渡部と呉くらいである。二人とも実際に貧乏な中で勉強した体験に基づいて書いている。その点、一番ひどいのが野口で、野口はもともと『「超」整理法　情報検索と発想の新システム』（中公新書、一九九三）がヒットしたので、次々と「超」シリーズを出していったのだが、この「超整理法」というのは、私にはまったく役に立たなかった。

野口は、必要な書類は分類して袋に入れ、棚へ置き、次々とその袋を置いていって、必要な袋ができたらそれを取り出し、今度は一番新しいところへ入れる、ということを言っている。浅田彰は、自分だったらたったそれだけのことを言うのに一冊も書けない、五ページで終わる、と揶揄した。だが私に言わせると、野口先生、その「棚」というのは、どこにあるんでしょうか、ということになる。

私は、大学助教授をしていたことがあって、研究室というものを持っていた。両側に天井まである本棚が作りつけてあって、それなら、この「棚」を使えばいいのであるが、現在は大学の先生ではない（が、時おり東大教授と間違われる。ある著書の中で間違えていたことがあったので、そこだけコピーして額に入れて飾っている。ただし著者に礼状を書いたりはしていない。間違いだと分かったらもう書いてもらえないからである）。

私の部屋はいくつも本棚があり、ほかの部屋にもいくつもあるが、当然ながらすべて本で埋まっており、さらにその前面にも積まれていて、それ以外の場所にも本が散乱している。新しい本が来るとそれを押しのけるか、さらに積まれるかするしかない。で、その「袋」とやらは、どこに入れればいいのであろうか。

かくして、野口は、研究室のある大学の先生、かつ自宅は一戸建てあるいは豪華マンションだという人や、書庫のあるような豪邸の持ち主のことしか考えていないのではないかと思うのである。

だが、いざ本を買うとか資料を集めるとかいうことになると、どうしてもある程度のカネは必要になる。ここで、やはり年齢相応ということを考えないといけない。二十代でカネがないのはしょうがないのである。だが三十代、四十代となると、それなりに収入も増えていくということが、おのずと前提とされる。もちろん、それでもかつかつの生活という人はいるだろうが、これから先、私の本の買い方を見て、若い人が、そんなカネは俺にはない、と思うかもしれないので、余計なことながら言っておくのである。

なお一言しておくと、大学生というのは、本来まじめに勉強しようと思ったら、授業料以外にもカネがかかるものである。そのへん、親や社会が理解していない気が、近ごろしている。

面白いほど詰め込める勉強法／目次

第五章　バカのための英語術　197

附録　知の年表　233

第一章 私の知的生活の系譜

タバコは吸うが酒は呑まない

私は、酒を呑まない。これが、わりあい人よりは勉強ができている理由の一つだと思う。そんなことをのっけから言うと、わー俺は酒がないと生きていけない、ダメだーと思う人がいるかもしれない。ただ不思議なことに、酒を呑んでも知識量が多そうな人というのはいる。谷崎潤一郎もそうだし、福田和也がそうか。これは謎だが、それだけ体力か何かがある、ということかもしれない。

だが、**酒好きで大成しない学者というのは多い。**酒さえ呑まなければ、もう少しなんとかなったろうにと思う。

酒を呑まなかった作家は多い。曲亭馬琴《きょくていばきん》、森鷗外、夏目漱石、川端康成は呑まない。ただし川端は、酒の席にはよく出て、オレンジジュースを頼んでいた。それに日本ペンクラブ会長を十七年も務めたし、やたらと社交していたから、時間を食っていたし、だから知識の量はあまり多くない。日本古典は勉強していたが、中年以後は、外国文学のことはあまり知らなかったろう。ただし若いころは猛勉強した。

あと私は、これは親譲りの出不精で、旅行ということをほとんどしない。だから、旅ものエッセイストとかにはなれない。また、パーティなどにもほとんど出ないし、遊びで人と会うこともない。グルメ趣味はないから、どこかへわざわざ食事に行くということもめったにない。これらは、あちこち禁煙になったせいもあって、それ以前はそうでもなかった。おかげで時間はあり余っている。よく学者や文筆家で、しめきりに追われているなどと言う人がいるが、仕事もあまりないから、私はしめきりに追われたことはまずない。もちろん、その分貧しい。

あと、今ではテレビをほとんど観ない。観るのは、大河ドラマと大相撲くらいである。新聞はとっていない。一時期、新聞にあまりにも禁煙ファシズム記事が多いので、嫌になってやめてしまったのである。これも、ネットでニュースは見られるから、今は問題にならない。日本の新聞がまだもっているのは高齢化社会だからで、そうでなければとっくにつぶれているだろう。

映画館とか劇場へも、ほとんど行かない。映画館はもとから行かなかったが、劇場のほうは、ロビーがどんどん禁煙になったので行かなくなった。その代わり、映画はＤＶＤを借りてよく観る。たぶん、毎日一本は観ている。

というわけで、ほかの、大学教授とか文筆家に比べても、私の自由時間は厖大《ぼうだい》なものになるので、その分勉強が出来るということにもなる。

それでも、私の関心のない領域は広大である。相撲以外のスポーツには基本的に関心がない。時おり、フィギュアスケートで浅田真央を見たりするくらいだが、あれはスポーツであろうか。囲碁・将棋にも興味がないし、勝負ごとはやらない。音楽は基本的にクラシックで、高校生の頃から、次第にポピュラー音楽に興味を持たなくなっていたから、大学時代にはもう話についていけなくなっていた。

大学時代、松任谷由実が人気があった。私は中島みゆきは聴いていたが、ユーミンは「みんなのうた」で流れた「瞳を閉じて」くらいしか知らず、呆れられたことがある。あるいは、谷村新司の「昴《すばる》」という曲を知らなかった。知ったのは、九〇年秋、カナダ留学中、日本から送られてきたカセットテープに録音されていた春風亭柳昇《しゅんぷうていりゅうしょう》師匠の「カラオケ病院」で、その替え歌を聴いた時のことである。それ以後も、まともに聴いたことがずっとなかったから、私の中では未だにこの歌は「水虫がかゆくなり、我慢できぬかゆさに」となっている。替え歌を聴いて、「ああ聴いたことがある」とさえ思わなかった。なんでであろう。

以前は、こういう大衆文化への無知を、エリート的に誇るという意識があったのだが、最近はあくが抜けてきて、もうちょっと勉強しようと、今さら『窓ぎわのトットちゃん』など読んだりしている（なんだそりゃ）。

だがこれでは一般の人の参考にならない。ただ、**酒の席などというのは、すっと抜けてくるのがいい、ということくらいは言える**だろう。その際、重要なことは、「帰ります」などとあいさつしていると、酒呑みというのは、まったく無責任に引き止めたりするものだから、黙って、素知らぬ顔で荷物を持ち、トイレにでも行くふりをして出てきてしまうということで、勘定が気になったら、後で払うとか、そっと札を置いていくとかすればよい。

ただし、これもずっとやっていると、あいつは酒の席の途中でいなくなると評判になり、嫌われるかもしれない。だが、知の獲得のためには、それくらいは覚悟しなければならないだろう。

文庫の濫読ばかりの学生時代

さて、私の知の遍歴ということになると、三十代半ばまではもうしっちゃかめっちゃかだったと言っても過言ではない。高校時代から各種文庫の濫読を始め、大学へ入っても、のちに東大教授になるような人のようにまじめに勉強はせず、ただ好きな女性のことばかり考えて、相変わらずの濫読、英語もちゃんとはできなかった。

大学院に入学するのが決まったころ、自分があまりに本を読んでいない、つまり、そのころ「ニューアカデミズム」の流行で、あれこれ言われていたような本を読んでいないということと、大学院の教授たちは著書が多かったのにそれを読んでいないとか、それやこれやでパニックになり、高田馬場などの古書店街へ行っては大量に買い込んできて、明らかに不安神経症パニック障害になって、飛ばし読みしたことがあったが、あれはただでさえ難しいものをそんな状態で読んだから、ろくに理解できなかった。

その後、修士論文を書く段になってても、やや迷走はしたものの、いくらか絞り込めてきて、形になった。その後カナダへ留学するのだが、この時は何しろ英語であるから、これまたしっちゃかめっちゃかである。その際、私は学問の価値中立性というものを理解していなかったのである。

価値中立性というのは、学問というのは事実を明らかにすることで、そのことのよしあしを言うものではない、ということであり、事実と意見の相違を明らかにすることでもある。

だが、それは何も私の責任ではなく、英米文学や日本近代文学の研究者の多くは、昔も今も、これが出来ていないのである。文藝評論というのも、大方はそういうものであって、学問ではないのであるが、八〇年代頃から、これら人文学の中では、「批評理論」などと称して、盛んに事実と意見をごちゃ混ぜにしたり、事実を明らかにすべき学術論文の中で、政治的意見表明をしたりするということをやっていたのである。したがって、今の私が、そのカナダの大学へ乗り込んで、あんたらは価値自由を理解していない、と言っても、何も変わりはしないし、ぼこぼこにされるだけなので、当時と変わらないのである。

実は人文学でも、事実だけを冷静に提示し、研究している人というのは大勢いるのである。だが、そういう人の書くものは地味で、何かすごいものを読みたいと思っている若者に訴えかけないので、読まれない。**むしろ、論理的にも学問的にもめちゃめちゃである、フランス現代思想とか、小林秀雄とか、吉本隆明とか、柄谷行人とかが読まれて、今日にいたっている。**

外国にはそういうことはないのかというと、ある程度はある。ただし、西洋諸国では、知識人と大衆の距離が大きく、日本のように知的中間階級の層がないので、さほど需要は多くない。コリン・ウィルソンやスーザン・ソンタグのような評論家は、今ではあまりいなくなっている。いわば、それらの代わりに米国で流行したのが、デリダとかドゥルーズとかフーコーといった、フランス現代思想家たちなのである。彼らは、おおむねフランスでは、まともな学者扱いされていなかった。

そういう「擬似学問」の話は、これまでも何度も書いているし、あとまわしにすることにする。私が本格的に「読書」ということを始めたのは、高校へ入ってからである。それまでは、小説といえば、人形劇や大河ドラマの原作の、柴田錬三郎や海音寺潮五郎、司馬遼太郎などを読むくらいで、あとはマンガを読むか、描くかしていたのである。

小中学生の頃はマンガ好き

男の子にはよくあることだと思うのだが、小学生の頃、私は「名作文学」というのをバカにしていたか、嫌っていた。というのは、要するに、読書感想文指定図書というのがいけないのである。これは日教組が指定していたから、プロレタリア文学風で退屈で、知的障害児とか、貧乏とか、一揆とか、そんなものばかりが、つまらなく描かれていた。あとはせいぜい『次郎物語』（下村湖人《こじん》）とかで、それよりは南洋一郎の「怪盗ルパン」や、子供向けに書かれた『宇宙船スカイラーク』（E・E・スミス）のようなもののほうがずっと面白かった。マンガもいろいろ読んだが、永井豪の『デビルマン』にはショックを受けた。これはしかし、戦後マンガの最高峰の一つであるから、当然だろう。そしてマンガを描いた。

どうも私は、読むのと書くのとどっちが好きかというと、書くほうが好きなのではないかと思う。ただし、長いこと、書くのはマンガだった。小学校三年生の頃から、『のらくろ』をまねした「シバ二等兵」や、『ウルトラセブン』と「ジャイアントロボ」をあわせたような「ウルトラロボ」とか、変身ものの影響で描いた、人間とリカオンが合体する（しかもそのリカオンというのは、犬とリカオンのあいのこだった）「リカンダーV」など、めったやたらに描いていた。

だが、「作文」は苦手だった。というのは、作文というのは本当のことを書くもので、私の実生活には、書いて面白いことなどないと、当時は思われたからである。しかし女子というのはそういうところが早熟であるらしく、頭のいい女子は巧《うま》い作文や読書感想文を書くものだ。

五年生になって、人形劇の『新八犬伝』に夢中になると、これを漫画化して、紙を扱っていた伯父が持ってきてくれたわら半紙に次々と描いては雑に製本していた。この頃になると、同級生に見せるために描いているという風になって、そのためこれも、完成せずに終わった。中学二年生と三年生の時は、五人の友達ができたので、自分とその五人をモデルに戦国武将にしたてたギャグ漫画をちょっと描いたのが発端となって、長大な、架空戦記ものみたいな歴史・時代マンガを描くことになって、それが高校生になるまで続いたのである。

だいたい、高校受験を控えてこんなことをしているから第一志望に落ちたとも言えるのだが、本人は、漫画家になるつもりで、世間知らずの母は、それもいいと思っていたらしくもある。六人の戦国武将については、次第に設定を作っていき、蝦夷地《えぞち》に領地があることにして、山川出版社の日本史の地図や年表を参考にして配置図を作った。さらに時代が徳川時代に入って、歴史上の事件と、主人公たちをからませていって、最後は田沼時代のあたりで中絶したのだが、別に代替わりしていないのだから、田沼時代まで行くのは変なのだが、何を考えたのか、五年に一歳年をとるという設定にしたから、そうなったのである。

うち一人は、大名の地位を奪われて、なぜか黒船の船長になって、西洋まで出かけていき、アメリカ独立戦争やフランス革命にまでかかわったのだが、そのために私は家にあったジャポニカという百科事典の、「アメリカ独立戦争」や「フランス革命」の項を熟読してそれを描いたのである。このマンガは題名がなく、あとで自分で「昔今後六名記」とつけたが、見せていた友人らは誰もそんな題名では呼ばず、「小谷野の劇画」などと言っていた。

さらに私は、本好きの中学生や高校生を主人公にした小説などでは定番といってもいい、図書室というものを、中学でも高校でもほとんど利用しなかった。高校の時は、文庫本を買って自分のものにして、思うさま書き込みしながら読みたかったからだが、中学の時は、どうも、思いつかなかったようである。たとえば、フランス革命について、図書室へ行けばもっと詳しい本があったはずなのだが、当時の私は、本の中から必要なところだけを読むということができず、そんなものを全部読むのは面倒だというので、百科事典の記述で済ませていた気がする。

だいぶ変わった中学生だが、マンガといっても、ペン入れをしないのである。無地のB5判ノートを買ってきて、罫線を定規も使わずに引いて、鉛筆で描くのだ。今は中学生でも、のち漫画家になるほどの人は、きちんとペン入れしたマンガを描くのだから、ひどいものである。だがのちに、マンガというのは一枚描くのに数時間かかる、手間のかかるものだということを知って、それじゃあ自分には無理だと思った。

ある、微細に描かれた大きな油絵を見て、

「これだけ描くのはさぞ退屈だったろうなあ」

と人が言うと、脇の人が、

「退屈でないといいものはできないんだよ」

と言ったという話があるが、まさにそういう退屈が、私には耐えられないのである。

落ち着きのない性格がプラスに

今なら「ADHD」と診断されてしまうであろうくらいに、私は落ち着きのない子供であったし、今も落ち着きがない。男性ホルモンのテストステロンの働きが過剰なんじゃないかと思いもするが、作家の檀一雄は、「アセがる」人だったという（沢木耕太郎『檀』）。私もその「アセがる」で、何かを始めると、どんどん先へ進めたくてしょうがないのである。この長編マンガも、そのデンで、とてもペン入れなどしていられない、どんどん次へ進みたくてしょうがなかったのである。

のちの、私の本の読み方や勉強のしかたにも、この「アセがる」性質はあらわれてくるし、しめきりに追われたことがないというのも、すぐに取り掛かってしまうからである。しめきり破りで知られる漫画家・江口寿史が、昔、原稿ができても翌週の分にとりかからず、毎日酒を呑んでいる自分を描いていたが、そういうことはない。学者の中でも、しめきりの数日前になってとりかかるとか、豪の者になると、しめきりが来て編集担当から催促されてからとりかかるとかいう人がいるが、そういうことはない。

若いころ演劇が好きだったのが、離れてしまったのも、半ばはこの性質のせいで、演劇というのは、若いうちは感動して観ているけれど、だんだん飽きてきて、そうなると、劇場の硬くて小さな椅子にじっと座っているのが苦痛になる。歌舞伎など、同じ演目を何度もやるから、耐えられなくなる。それに演じるスピード自体がのろい。**能になると、もう私は能に耐えられない人間として作られているとしか思えないくらいである。だから最近は、退屈だなと思ったら、一幕観て席を立って帰ってしまう。**時には、途中でも出る。閉所恐怖症なので、席は通路側にとるのである。

映画館で映画を観ないのも同じことで、DVDで観ていれば、退屈なら飛ばして観るか、よほどひどければ途中でやめるか、二倍速で観る。一時期、怪獣映画だけは映画館へ観に行っていたが、それは怪獣映画が好きだからである。中には、好きなので二、三回は観たという映画もあって、『風の谷のナウシカ』などは、映画館でつづけて二回観た。だが、そういう映画はめったにない。

そのため、本を二度、三度と読むということもほとんどない。江藤淳（一九三二–九九）は、漱石の『こゝろ』を十回は読んだというが、目を丸くせざるを得ない話で、私は『こゝろ』を大した小説だと思っていないが、たとえ高く評価している小説、たとえば谷崎潤一郎の『細雪《ささめゆき》』でも、基本的には一度しか読んでいない。こんなことを言うと驚く人がいるかもしれないが、論文を書くとか、自分の授業で使うとかいう時は、もちろん再読する。英語の授業で、もう十数年使っている短編群があるが、それらは十数回は読んでいることになる。

再読しないのは、その時間を別の本にあてたら、もっとたくさん本が読めると思うし、読むべき本はたくさんあるからである。

前近代の学者というのは、読むべき本というのはごく限られていた。だから『論語』とか『春秋』とかを繰り返し読んだのである。しかし、近代になって、次第に、読むべき本は爆発的に増えた。さらにテレビや映画、ＤＶＤ、インターネットなどで、読んだり観たりするものは増えているから、前近代の学者のような読書は、普通の人にはできない。ただ、人文学者とかで、現代のものなどほとんど読まずに、古文や漢文や、古典的な英語の詩だけを読んでいる人というのはいる。しかし、大学などで教えていると、時には学生向けに、いま流行っている漫画やドラマの話もできたほうがいいので、そのためにそういうものを覗いておく必要もある。私もまた、一般向けに文章を書いたりしているので、その辺の努力はいくらかしている。

つまり文学には関心がない、歴史好きだったわけで、そのために歴史小説は読んでいたのだが、その際、ノートに、登場人物をメモし、血縁関係にある者は、系図を書いた。その時、私が参考にしたのは、平将門と藤原純友を主人公にした大河ドラマ『風と雲と虹と』（一九七六）のガイドブックに書いてある、系図や、律令制度の下での官職表であった。

高校に入って、本を読むようになったというのは、第一志望の埼玉県立浦和高校に落ちて、東京の私立海城高校へ行ったため、通学の電車の中で読むためであった。はじめは大江健三郎と江戸川乱歩の文庫本を交互に読んだが、これがいずれも面白かった。大江のほうは、文庫でないものまで買って読んだが、乱歩のほうは、いくつか読んだあとでやめてしまい、後期の通俗的長編はあまり読まなかった。

大江の小説は、名作というものの概念をがらりと変えた。それはそうで、『次郎物語』や、読書感想文指定図書などとは全然違う、ほんまもんの「純文学」とはこういうすごいものか、と思ったからである。

最初に大江を読んだのは、中学三年の終りころ、講談社文庫の[1]『万延元年のフットボール』で、難しかったがすごいと思った。そして、その巻末

必読のすごい本
（画像は現在入手しやすいもの）

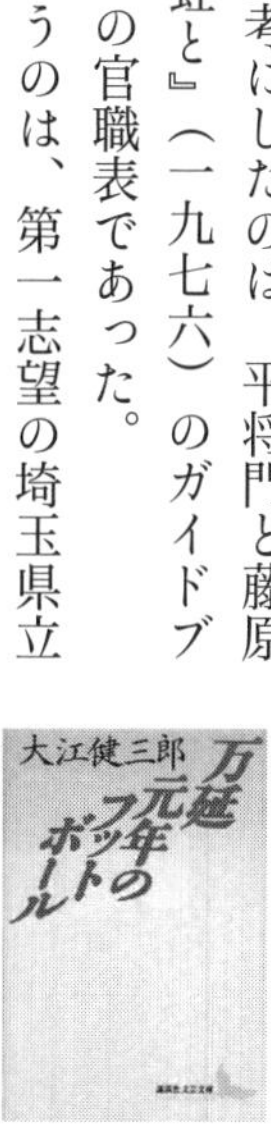

❶『万延元年のフットボール』大江健三郎／講談社文芸文庫／1988

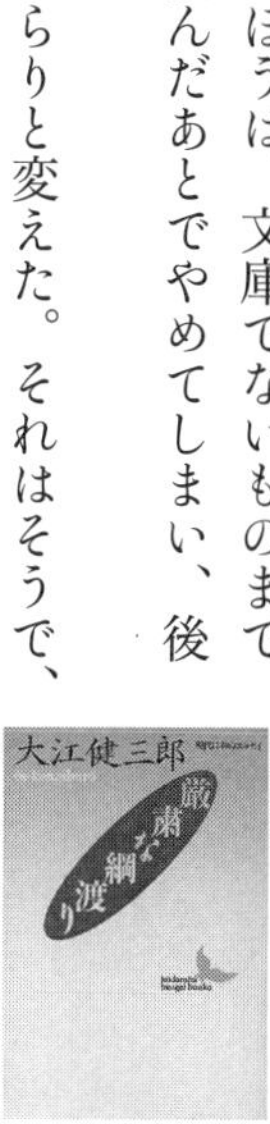

❷『厳粛な綱渡り』大江健三郎／講談社文芸文庫／1991

に年譜があった。高校へ上がってそういうものを読んでいるうちに、自分も東大へ行って二十三歳で芥川賞をとって作家になろうと思ったのである。大江の最初のエッセイ集『厳粛な綱渡り』[2]も、文春文庫で分厚い全二冊で出ていたので、これは細かにメモをとり、何度も読んで、以後の読書の参考にした。

作品年譜づくりを始める

さてそこで、その年譜をもとに、作品年譜というものを、レポート用紙に作成した。横書きである。鉛筆でいちいち書き込むのだが、それから以後、**なるべく年譜のついた文庫版を優先的に買って、大学生の頃まで、この自前の年譜づくりをやった**のである。そして、自分が**読んだ作品には、蛍光ペンで線を引いた**。また、「現代国語」という当時の科目の副読本として購入させられた、京都書房の『新修国語総覧』[3]は、かっこうのハンドブックとなり、今日まで手元にある。

さてそれから、夏休みの宿題で、四冊の文庫のうちどれかの感想文を書けというので、島崎藤村『破戒』[4]、芥川龍之介の「羅生門」ほかの短編集、

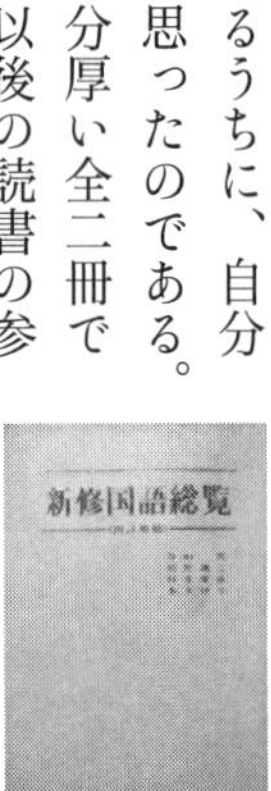

❸『新修国語総覧』京都書房

❹『破戒』島崎藤村／新潮文庫／2005

志賀直哉の「城《き》の崎《さき》にて」「小僧の神様」ほか、田山花袋の『蒲団《ふとん》・重右衛門の最後』だった。私は全部読んで、みなそれぞれに面白かったが、『破戒』がサスペンスの張り方においてひときわ面白く、徹夜で読んで、読み終えた時は初夏の朝になっていて、すごい爽快感と達成感を味わった。だが、その結末で、丑松《うしまつ》が、部落民であることを隠していたことを謝る、というのはもちろん不満だった。そのころ私は「生まれによる差別」のことを考えていて、ふと子供のころ、テレビドラマで観た三浦綾子の『氷点』が、殺人犯の娘だからというので差別されるのはおかしいのではないかと気づいて、その原作も買ってきて読み、『破戒』と並べて感想文を書いた。いま思えばなかなかいい着眼だったのだが、正義感が表に出すぎていたかもしれず、現代国語担当の春木という教師は、生徒からも「右翼」と言われていて、そのせいかどうか、いい点はつかなかった。

さてしかし、**小説を読んでいても、難しいということはある。**内容の難しいことや、高校生には分からないことなどはともかく、**時に言葉が分からない。特に大江などは、外国語をひょいと使うから、そういうのは調べる**のだが、電車の中だとそうもいかないから、耳を折っておいて、あとで手帳に書く。「フラストレーション」とか「アンシャンレジーム」とか、そういうのが分からないのである。

通学の往復時間は、総計三時間くらいになったから、もちろん、途中で一冊を読み終えてしまうということがある。その時のために、残りが百ページを切ったら、次の一冊も持っていくという方式にしていた。

あまりに小説に熱中したため、勉強はお留守になり、成績は、一年を終わるころ、クラスで十九番、真ん中から下を低迷した。両親は心配して、どこか良心的な私立大にでも入れるかと話していたそうだが、当人は東大へ行くつもりでいた。仕方がないから二年生になって、予備校へ通って少し勉強するようにしたら、夏休み前には成績がよくなった。

しかし、小説は書けなかった。一年の夏休み前だったか、『高一コース』という雑誌に、小説コンクールの募集があって、よしこれに出してやろうと思った。一方、私より二学年上の、新井素子という人が、高校生作家として特集されたりしていたが、SFだというのであまり気にしなかった。私は、大江のような「純文学」を書くんだと思っていたし、さらに「私小説」はダメなものだという常識を信じていた。

だが、高校一年生が、私小説でない純文学を書くのは、一般的に無理である。そこで私は、三人の選考委員の本を、まず読むことにした。三浦朱門、富島健夫、奥野健男の三人で、当時は基本的に文庫本しか買えないから、三浦の『犠牲』『楕円』『箱庭』と読んだが、今なら中途で投げ出すくらいつまらなかった。富島は、初期の純文学と、いくらか通俗になったものを読んだ。富島は、芥川賞候補にもなった純文学作家だったが、のちに官能小説作家になった。奥野の文庫本は当時角川文庫の『太宰治論』しかなく、太宰を読まずにこれを読んでも仕方ないので、二学期から、太宰を読み始めた。

まず**作品年譜を作り、初期作品から文庫で読めるものだけ読んでいくというやり方**で、新潮文庫は一般的に年譜がないので、年譜のついた角川文庫の『ろまん燈籠《どうろう》』を買い、そこから始めた。当時作った作品年譜は今でも残っているが、中には、いっぺん使ったレポート用紙の内容を消しゴムで消して使ったものもある。近所にコンビニのある時代ではなく、夜になって、買うまで待てなかったのである。

みごとに、太宰にはまったものである。結局それで小説は書けず、いざ受賞作が発表されたのを読んだら、どうも変なもので、あとで考えたら、庄司薫の『赤頭巾ちゃん気をつけて』の最後をまねしたものだった。

当時の文庫本は、巻末に、今より豊富に、びっちりと、同じ文庫の他のものの一覧が載っていた。それを見て、ああかあれも読みたいこれも読みたいと悶えたものである。特に岩波文庫にある西洋古典が、心をそそった。

そうこうするうち、書店へ行くと、「文庫解説目録」というのが置いてあって、どうやらそれはただで貰えるということが分かり、私はこれを集め始めた。ほかに、**今も続く「新潮文庫の100冊」のパンフレット**とか、その頃、森村誠一、横溝正史らの作品を映画化して売るという「角川商法」で知られた**角川文庫が「ザッツ・エンターテインメント」として打ったフェアの、赤い色で、文庫を縦長に、新書判より長くしたパンフレットなども、面白かった。**

新潮文庫の100冊のラインナップは、当時は今よりはもちろん堅い、古典中心のものだったが、それでも私には通俗的に見えて、それよりむしろ、筒井康隆とか井上ひさしの若いころの写真とか、開高健の若いころの思い出話などが、作家を目ざす私にはひどく興奮をそそったもので、この開高の文章で私は「谷沢永一」という名を知ったのだが、一瞬、矢沢永吉と間違えたくらいで、「たにざわ」と読むことも、当時は知らなかった。文庫解説目録の文章というのは、時にやたら面白かったが、それですぐ飛びつくということはなかった。禁欲的に、順番に読んでいこうと思ったからである。

当時、小林秀雄の『本居宣長《もとおりのりなが》』(新潮社)が出て話題になっていたが、これも読もうとは思わなかった。何しろ四千円もしたから買えなかったし、その「本居宣長」のことをよく知らないのにそんなものを読むのは筋違いだと思ったからでもある。

ベストセラーとか、話題の本とかいうのに飛びつくのは恥ずかしいことだという意識が私には芽生えていて、それは今でもある程度続いている。

竹下景子さんと『犬笛』の思い出

さて、五月か六月ころ、学園祭があって、何だか義務感で私は一日だけ出かけたのだが、「部活」なんてやっていないし、他校の女子をナンパするどころではない、いじめに苦しむ一年生だったから、映画会だけ出て、黒澤明の『白痴』、内田吐夢《とむ》の『飢餓《きが》海峡』、新藤兼人の『裸の島』を観た。実は、私が一人で映画館へ行って観た映画というのは、この四月の、中島貞夫監督、西村寿行原作の『犬笛』だったのだが、というのは、これに出演している竹下景子さんのファンだったからである。

竹下さんのファンになったのは中学三年の時で、そのころテレビで、平岩弓枝原作のドラマ『女の河』が放送されていて、新聞で、その原作の広告に出ていた竹下さんの写真を見て、(ひとめ惚れ)してしまったのである。それからいろいろと情報を集めると、なんでも「お嫁さんにしたい女優ナンバーワン」で、東京女子大卒のインテリ（当時はそうである)、『クイズダービー』というクイズ番組で人気があるらしい。それで私は、NHKの好きなうちでは観ていなかった『クイズダービー』を、さりげなく観るようになるのだが、当時は一家にテレビは一台で、食事どきであるから、いくらか冷や汗ものであった。

で、『犬笛』では、裸で雪の中に埋められるシーンがあるというので、興奮して、原作を買ってきて読んだ。そんなことをしているから高校に落ちるのである。

西村寿行は、その頃人気作家で、「ハードロマン」と呼ばれており、原作は元の題が『娘よ、涯なき地に我を誘え』で、映画化に合わせて改題されていた。

だがこの映画は、明らかな失敗作だったのである。それで、以後観たことはなかったのだが、数年前から、ノスタルジーで観たいと思い始めたが、どうもビデオもＤＶＤもない。ところが先日、ＬＤを見つけ、ＤＶＤに焼いて、おそらく三十四年ぶりに観た。

主演は菅原文太で、役名秋津という、平凡な会社員である。妻は酒井和歌子で、七歳の娘・良子《りょうこ》（松下実加）と、柴犬のテツがいる。娘は聴覚障害で、五万ヘルツまで音が聴こえる。犬にしか聴こえない犬笛（ゴールトン・ホイッスル）の音が聴こえるわけだ。はじめは岸田今日子のナレーションで始まる。だが良子は、ある夕方、テツとともに散歩に出て、林の中で殺人を目撃してしまい、その背後にいる大企業の悪いやつらに誘拐されてしまう。妻はそのショックで気が狂う（このへん唐突である）。

秋津は、犬笛を吹けば娘が聴いて自分も持っている犬笛を吹き、秋津が連れているテツが吠えるので分かると示唆され、警察は頼りにならないと見て、自ら娘を探しに出かける。といってもどこで探せばいいのか分からないのだから、設定にムリがある。

さて、秋津は北海道から伯耆《ほうき》大山《だいせん》まで、むやみと雪の中、娘を探し回る。ここで柴犬のテツがいい。警察側は北大路欣也、その上司が大滝秀治《ひでじ》で、改めて大滝がかっこいいと思った。敵方の親玉の三枝というのを原田芳雄、部下を岸田森《しん》と、オールスターキャストで、これは三船プロ創立十五周年記念作品である。竹下景子は三船プロ所属であった。

その竹下景子は、映画では名が出なかったが、法眼規子《ほうげんのりこ》という精神科医である。良子は、ショックのため部分的記憶喪失になっており、実は殺された男は重要な写真のネガを持っており、犯人らはそれを探している。だが実は良子は、テツが持ってきたネガを捨ててしまい、既に燃えている。法眼規子は、病院長にしてやると言われて、良子の記憶回復のために、犯人らと行動をともにしている。三枝らは、電撃ショックを良子に与えろと法眼規子に言うのだが、そんなことをしたら死んでしまう、と拒否、次第に男たちのやり方についていけなくなり、良子は実は記憶を取り戻すのだが、ネガが焼かれたと知ったら犯人らは良子を殺してしまうので、そのことは絶対言っちゃダメよ、と法眼規子は言う。

しまいに法眼規子は、良子を連れて逃げようとするが捕まり、男らに輪姦される。ここはもちろん映画では描写されていないのだが、小説で読んだ私は「××は後ろで果てた」の「果てた」の意味が分からなかった。いや、「後ろで果てた」の意味が分からなかったのだろう。

秋津が犯人らのアジトにたどりつくと、雪の中に埋められた下着姿の法眼規子を掘り出し、暖炉で温める。だが、竹下景子は当時二十四歳で、別に焦って病院長になるほどの年齢ではなく、原作では三十代の設定だったのだろう。

この「法眼規子」という名前が、またいい。いいのだが、映画を観ていてもちっとも興奮しなかった。映画の前宣伝で、ラジオドラマもやっていてそれも聴いたのだが、あれは筋を前もって教えるのだから変なものだ。さて、犯人らのホバークラフトに襲われて雪の中に倒れていた秋津を救ったのは、伴淳三郎である。ほか北村和夫も出ている。

犯人らは、ついに良子を連れて、神戸港から東南アジアへ向けて出港する。警察では、大物に行きつくために泳がせているのだとか言っていて、こんなことになってしまう。海上保安庁の船が追跡するのだが、その船長として登場するのが三船である。文太と北大路は、沖縄まで飛び、そこからヘリコプターで巡視船まで行くが、犯人らが乗った船は、このままではインドネシアの領海に入ってしまう。三船は、上司の神山繁に電話して、駐日インドネシア大使に連絡して船を捕えてくれるよう言うのだがうまくいかず、保安庁長官の山村聡が、領海侵犯は許さん、と言うのを、三船は連絡を絶ち、領海侵犯で拿捕されても、娘を救い出す気概を示す。その間、秋津の妻が「狂い死に」したという電報が入るのだが、狂い死にって……（そういう死因はありません）。

犯人らの船はインドネシア領海に入り、三船らは武装するのだが、インドネシア軍の船があらわれ、犯人らの船に領海外への退去を命じる。三枝は部下二人を撃ち殺し、自分も自殺する。北大路らが乗り込んで、娘を救い出す。

人間の情愛と、アクションを盛り込み、壮大なスケールで作ろうとしたことだけはよく分かるのだが、いかんせん、ゴールトン・ホイッスルというアイディア倒れで、要するに娘がいそうな場所に近づかないと意味がないし、筋にムリがある。

当時、宣伝も盛んにされていて、「西村さんの作品は、東京の原野から、サロベツ原野、鳥取、そしてインドネシアと、壮大なスケールで世界が広がっていくんですね」などと言っていたが、まことにしらじらしく、ずいぶんカネをかけて、オールスターキャストで、失敗作を作ったものである。私がプロデューサーなら、筋を聞いただけで却下する。このへんは、三船主導ゆえの失敗だったと言えようか。

あと主題歌が「熱愛者」といい、当時ドーナツ盤も買ったが、この歌がまた良くないのだ。歌詞もひどいし曲もひどい（小林亜星）。

西村は、直木賞候補になること三度、数年、作家長者番付に載っていたが、ほどなく西村京太郎が擡頭《たいとう》して、脱落した。兄はやはり作家の西村望。寿行は熱があっても骨折していても執筆をやめず、セックスシーンでは自ら激しく興奮し、「自分が興奮しないものが読者を興奮させられるはずがない」と言い、自身も週に五、六回やっていたというが、相手は誰であったやら。

なおジャケット、ポスターなどでは、竹下景子を雪の中から抱き上げる文太の写真が使われていたのだが、映画にこのシーンはない。掘っていて竹下さんの顔が出てきて、カットである。これは一応発泡スチロールで箱を作って埋めたのだが実際の雪も使っていたから撮影は大変だったそうである。

さらにその冬には、倉本聰《そう》脚本・岡本喜八監督で、竹下さんと勝野洋主演のSFサスペンス映画『ブルークリスマス』も上映されて、これも観に行った。こちらはわりあい面白かったのだが、あまり評価はされなかった。倉本は、『北の国から』の最初のところを見ると、どうやらこの当時、UFOの実在を信じていたらしい。

もっともその夏、飯田橋ギンレイという名画座で、竹下さんの映画デビュー作『祭りの準備』（黒木和雄監督）を観に行ったら、併映が、東陽一監督の『サード』（軒上泊《けんじようはく》原作）で、双方とも高校一年には十分ショックなのだが、『祭りの準備』は、当時は今ひとつ意味が分からず、むしろ『サード』に衝撃を受けて帰ってきた。

ところで、江戸川乱歩ではどれが好きですかと訊かれそうだが、初期の短編が味わいがあるし、ルパンが出て来る『黄金仮面』[5]では、殺人は犯さないというルパンが、『虎の牙』でアラブ人を殺しているのに目をつけて、

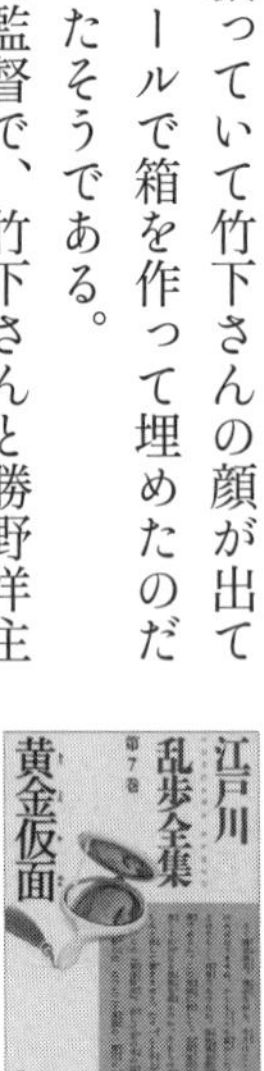

❺『江戸川乱歩全集第7巻 黄金仮面』光文社文庫／2003

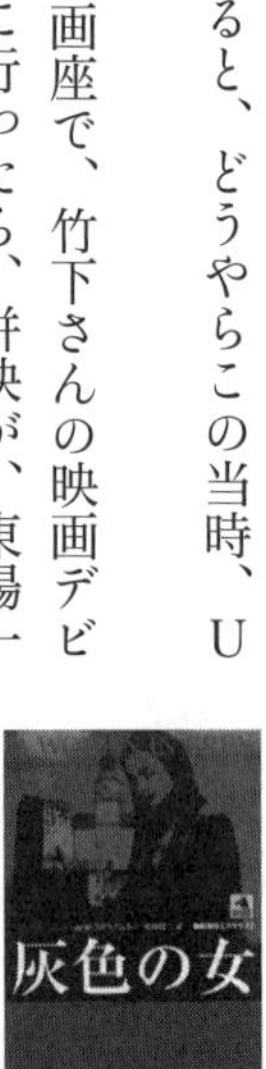

❻『灰色の女』ウィリアムスン、中島賢二訳／論創社／2008

西洋人以外は平気で殺すという設定にして、西洋中心主義を批判していたりして面白い。このころ、テレビ朝日の土曜サスペンス劇場という、やや俗悪な、ヌードシーンが売りものみたいな番組で、天知茂が明智小五郎を演じる江戸川乱歩シリーズを随時放送していて、『黄金仮面』は観たのだが、私は後期の通俗長編は、こういう風に生かすのが一番いいと、あとで思うようになった。

それはさておき、私が夢中で読み耽《ふけ》った乱歩作品は、実は『幽霊塔』である。ただしこれは、黒岩涙香が外国ものを翻案した『幽霊塔』の書き直しなので、乱歩作とはいえない。原作はウィリアスソンの『灰色の女』(6)だとのちに判明し、邦訳が出ている。

ドストエフスキー(=権威)との戦い

さて話を戻すと、黒澤の『白痴』は原節子が出ているがあまり評価されておらず、何が何だか分からなかったので、ドストエフスキーは大江も盛んに言及しているし、新潮文庫で『白痴』(木村浩訳)を買って読み始めたのだが、これがまた難しい。

翻訳が悪いのではないかと疑って、図書室で岩波文庫の米川正夫訳を借りて読んでみたが、むしろこっちのほうが難しいくらいで、何とか読み通したが、分からなかった。のち大学一年の時、女友達に貸しがてら自分でも再読して、分かったような気はしたが、やはり分からなかった。ドストエフスキーはそれ以後も読んだが、『罪と罰』も違和感があり、『死の家の記録』や『永遠の夫』以外は、『カラマーゾフの兄弟』も、壁一枚隔てたような分かりにくさがあって、それが**最終的に、キリスト教徒でなければドストエフスキーは分からないという、私の説を導くことになる。**

本を読む、特に文学作品を読むということは、時に権威との戦いとなるものである。何しろドストエフスキーといえば、最近また新訳が出たりして騒がれていて、定番の「文豪」である。それを、分からないと自信をもって言い切るには、さすがに二十年くらいかかる。もっとも、今の読者は、私のようなアンチがいるから楽かもしれないが、それ以前にはほぼいなかった。私は、ロシヤ文学者の川端香男里（東大名誉教授）も、もしかするとアンチ・ドストエフスキーではないかと思っている。

だがそれと、単に権威への畏れを知らず、「なーんだ難しくって分からないや」と放り出す、あまり頭のよくない読者とは別である。**ある外国の作家が、一読して面白くなくても、信頼している人がいいと言ったらもう一度読んでみると言っていたが、これは至言であろう。**私も、それくらいの気構えは持っている。

もっとも、その逆もある。太宰も、『二十世紀旗手』ほか、前衛的な作品は難しかったが、私は、戦後書かれた「眉山《びざん》」[7]という短編が、特に好きだった。感動したのである。ところが、掲載誌が『小説新潮』であることに気づいて、はっ、いかん、これは「通俗もの」なのだと思い、「眉山」に感動したなどということは、隠さなければならない、と思ったのである。

それは、長部日出雄が『桜桃とキリスト』（文藝春秋、二〇〇二、のち文庫）で「眉山」を褒めるまで続いたのである。『女が読む太宰治』（ちくまプリマー新書、二〇〇九）で、高田里恵子も「眉山」をとりあげていた。

つまりこんな風に、通俗小説などに感動してはいけない、という逆の例もあるということである。**ただし、知識人には、あえて通俗そうなものを褒めてみせるという「技」がある。**四方田《よもた》犬彦《いぬひこ》が、松田聖子の主演した、澤井信一郎監督の『野菊の墓』（一九八一）を褒めるとか、畑中佳樹《よしき》のようなインテリ映画批評家が、『プリティ・イン・ピンク　恋人たちの街角』（一九八六）のモリー・リングウォルドがいいとか言う類である。私も、『キャンディ・キャンディ』がいいとか、中野実の『花嫁設計図』がいいとか言うが、これもいくらかはその一種だろう。

❼『グッド・バイ』（「眉山」収録）太宰治／新潮文庫／2008

歴史本、宗教本との出会い

さて、小説以外のものも、ぼちぼち読んだ。たとえば**中公文庫の「世界の歴史」[8]シリーズも、二、三冊は読んだが、どうもこれは、既にある程度歴史を知っている人に向けて書いているよ**

うなところがあって、違和感があったが、読み終えてしまうとさほど気にならない。これは確か中学生の時だが、放送タレントと称しつつ結構な知識人だった三国一朗（一九二一―二〇〇〇）が、ラジオで歴史番組を持っていて、歴史学者や歴史作家と対談をしていたのだが、ある時聴いていて、三国が、

「あーそれでここに三好チョウケイが出て来るんですね」

「そうなんです」

などとやったから、いっぱしの歴史通のつもりでいた私はびっくりした。三好長慶《ながよし》は、信長以前に京を支配した覇者である。一般にあまりメジャーな人物ではないが、それをさらりと口にするのだから、すごいものだと思った。

あと、一年の三学期には、**岩波文庫の初期仏典を読んだ。**[9]**『ブッダのことば』などである。これは面白くて、漢語訳ではなくサンスクリット語やパーリ語からの平明な現代語訳だから分かりやすかった。**ただ、それで仏教信徒になったかというと、そうはならなかった。仏教は、執着が人間の不幸のもとだと言う、それは分かる。さらに、右へ行っても左へ行っても

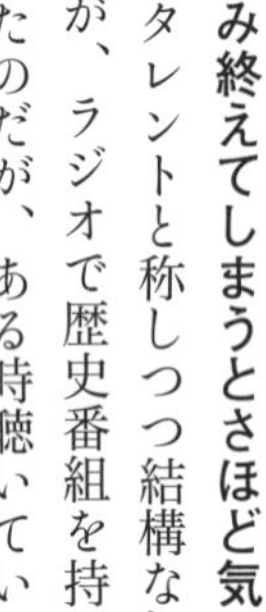

❽『世界の歴史〈1〉』大貫良夫・前川和也・渡辺和子・屋形禎亮／中公文庫／2009

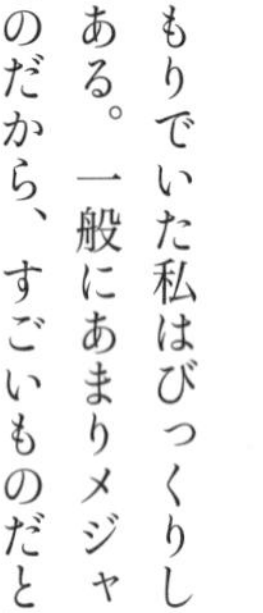

❾『ブッダのことば』中村元／岩波文庫／1958

同じだと言う。また、あるのでもなくないのでもない、といった、いかにも知的な若者に受けそうな言い方をする。だが、そうなると、なんで生きているのか分からなくなるのである。芥川龍之介に「蜘蛛《くも》の絲《いと》」という童話がある。あそこでは、自分一人助かろうとしたカンダタが、そのために地獄へ逆戻りする。だが、これは芥川の間違いらしく、「この綱は己のものだ」と叫んだカンダタが、「我（アートマン）」の実在を信じていたために、綱が切れたのだという。それはまあいいとして、仏教の教えに従うなら、大学受験をして人を蹴落としたりしてはいけないし、泥棒が入っても警察に届けてはいけないのである。そうなると、これ、死んだほうがいいってことになるではないか。オウム真理教のように、他人を殺すのは論外として、ガイアナの人民寺院事件のように、集団自殺したら、それは仏教の教えに忠実だということになりはしないか。

しかし、それは置いておく。二年生になって、おそらく、大江健三郎が言及していたので、野間宏を読み始めた。だが、『真空地帯』など、いかにも軍隊を悪として通俗的に描いていて感心しなかった。ちょうどその頃、野間をその点で批判した大西巨人の『神聖喜劇』が完成して、カッパノベルスで刊行されていたのだが、私は大西を知らなかったし、読んだのはずっと後になってからだった。続いて、『わが塔はそこに立つ』という分厚い小説が講談社文庫で出

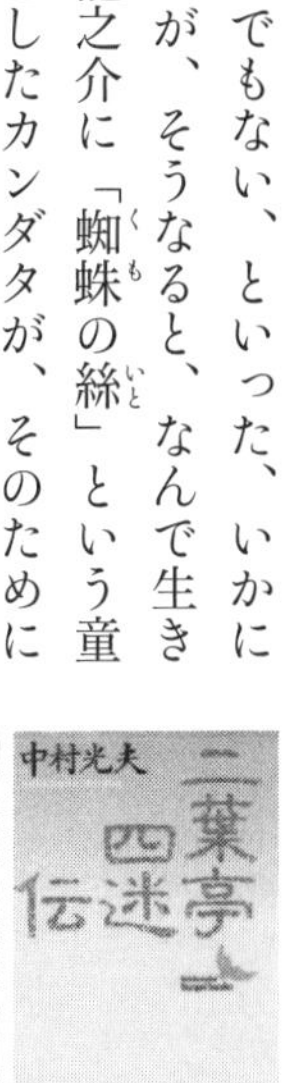

❿『二葉亭四迷伝』中村光夫／講談社文芸文庫／1993

ていたので、読んだが、実につまらなかった。どうも自伝的小説らしいのだが、自分をダンテとウェルギリウスの後継者と任じていたりして、啞然とした。今だったら間違いなく途中で放り出している。

それでも、野間の『文章入門』（旺文社文庫）というのを読もうとして、二葉亭四迷《ふたばていしめい》や島崎藤村のことが書いてあったので、そちらを先に読むことにした。二葉亭の『浮雲《うきぐも》』は、あまりに変な文章なので驚いた。これが画期的な「ふられる男」小説だということに気づくのは、ずっと後のことである。その関係で、中村光夫の『二葉亭四迷伝』[10]（当時、講談社文庫）も読んだが、これが私の、文学者伝記の読み始めである。

文学者の伝記に惹かれて

これは当時、二葉亭の作品以上に感動的だった。だから長く、私は中村光夫を尊敬していた。だが最近、中村の私小説否定論と二葉亭論に矛盾があることに気づくようになった。

二葉亭四迷こと長谷川辰之助の父は、水野家から長谷川家へ養子に来た人だ。そして辰之助は、上京して、数え十七歳から十八歳まで、父の実家の水野市之助のところに下宿している。四谷伝馬町一丁目四十一番と、住所まで分かっている。ところが、この市之助も養子で、父の実父は水野茂三郎ということが、『二葉亭四迷全集』（筑摩書房）に載っている家系図で分かる。

なぜ男の子を養子に出して、さらにまた養子をとったのか、分からない。

『浮雲』や『平凡』を読むと、主人公は、『浮雲』では年齢や職業が違うが、やはりおじの家に寄宿して、そこの娘に恋をしたり、あれこれしている。だから、誰でもこれは水野家での経験に基づいているのだろうと思うし、私も『リアリズムの擁護』（新曜社）などでそう書いた。

ところが、ふと気になって調べてみると、この水野市之助というのがどういう人で、娘がいたのかといったことがまるで分からない。中村光夫の『二葉亭四迷伝』にも、亥《い》能春人《のうはると》の『二葉亭四迷とその時代』（宝文館出版、一九九八）にも、書いてない。二葉亭は、父についてあちこち動いたあと、いきなり東京外国語学校へ入学してしまうのだが、これは水野家寄宿のあとのことで、もう水野家を出ている。

調べたが分からなかったならそう書けばいいのだが、そういう記述すらないのである。これは珍妙である。先の系図も、市之助の家族については何も書いていない。頭を抱えたのは、風《ふ》里谷《りたに》桂《かつら》「明治期にみる私小説――二葉亭四迷「浮雲」」（『私小説研究』二号、二〇〇一年）で、こんな題名なのに、水野家における経験ということに触れていないし、想定もしていないのである。

私はここに、中村光夫の影を感じざるを得ないのである。中村はのち、自分で私小説は書いたが、元来私小説否定論者である。だから二葉亭を、私小説作家だとしたくなかった。もしかすると、中村の当時なら、水野家のことも調べれば分かったかもしれず、それを握りつぶしたのではないかという疑惑さえわく。

しかし、藤村である。今でもそうだが、文庫界の帝王は、新潮文庫である。権威は岩波だろうが、小さな本屋へ行っても必ずあるのが新潮文庫で、当時は日本近代の古典的な作品はほぼ網羅されていた。ここに、藤村作品はずらりとあった。『藤村詩稿』などというのさえあった。ところが、あの巻措《かんお》く能《あた》わず、私を徹夜させた藤村の、詩集や『千曲川《ちくまがわ》のスケッチ』に始まり、『春』『家』『新生《しんせい》』と読んでいって、とにかくつまらないのに驚いた。**これが「自然主義」というやつかと思った。『新生』など、すごいことが書いてあるのだが、とにかく文章が、普通なのだが異常だし、遂に私は『夜明け前』全四冊を二冊まで読んで、藤村を断念した。**ずっとあと、二十代半ば過ぎに、三冊目を読んだが、ここでまた挫折して、まだ最終巻は読んでいない。

こういう風に、**中断したものを読み直す時、私は中断した続きから読む。**最初から読み直す人も多いようで、『源氏物語』など、「須磨《すま》」あたりまで読んで挫折し、また最初から読んで「須磨」で挫折し、をくりかえすというので「須磨源氏」という言葉もある。だが、中断した続きから読んでも、だんだん思い出すし、どうしても分からなかったら、最初のほうをちらちら見ればいい。ロマン・ロランの『ジャン・クリストフ』など、第一巻を読んで、二十年くらいして第二巻から読み始めて、特に問題はなかった。

だが藤村のおかげと、いくらかは中村光夫の影響もあって、日本近代文学に失望した私は、外国文学を読み始めた。もちろん、翻訳である。その夏休み（一九七九年）、筒井康隆原作の『七瀬ふたたび』を、NHKで連続ドラマでやっていて、七瀬は多岐川裕美だった。いま考えたら明らかにミスキャストなのだが、オープニングで、最後に、「原作　筒井康隆」というクレジットが出るのがやたらかっこよく、自分もいずれ原作者になってこういう風に名前が出たいと思ったものだ。ただその時は、進学校だから二年生で修学旅行があって北海道へ行ったから、『七瀬ふたたび』は最後に北海道が舞台になるのだが、ドラマのほうは中途までしか観られなかった。

筒井康隆と石川淳が人気だった頃

高校の文藝部などには、入らなかった。何しろその海軍学校系の男子校が私は嫌いで、早く家に帰りたかったし、自信がなかったし、人間関係が苦手だったからである。大学へ入ると、なおさら怖くて、文藝関係のサークルなどには入れなかった。三年間同じクラスだった木村という友人と、わりあい文学の話はしたのだが、何しろ童貞臭さがぷんぷんする二人組だったから、何となく浅かった。むしろ、中学時代からの、あの六人組の、後藤とか稲田とか地元で会うほうが、面白かったたし、気が置けなかった(高校時代のことは、『童貞放浪記』[幻冬舎文庫]に収められた「ミゼラブル・ハイスクール一九七八」に書いてあるのだが、映画原作本の割にあまり読まれていないので、さほど躊躇なくくりかえす)。

その稲田が、熱心に勧めたのが、筒井である。当時既に筒井は、高校生などの間で人気を博しつつあった。私は、ドラマ『タイムトラベラー』の原作者として、もちろん筒井は知っていたが、通俗だろうと思っていた。稲田が押し付けるようにして貸してくれたのは、角川文庫の『革命のふたつの夜』と『我が良き狼《ウルフ》』で、読んだが、「下品」だと思った。

その後大学生の時に、直木賞を受賞できなかった恨みを小説にした『大いなる助走』を読んで、やっぱり下品だと思い、**筒井を理解したのは、留学中に『腹立半分日記《はらだちはんぶんにっき》』を読んでから**であった。

ほかに、太宰治は「無頼派」と呼ばれており、その仲間に坂口安吾、織田作之助、石川淳がいることになっていた。そこで安吾の「白痴」を読んだが、どうも理解できなかった。石川淳は、新潮文庫の『紫苑《しおん》物語』を読んだ。「鷹」も入っていたが、私は表題作の「紫苑物語」が面白いような気がした。「気がした」のである。これは架空の時代小説である。そして私は、これをまねして、架空の世界を舞台にした時代小説を、五枚くらい書いてみたのである。

思い返しておかしいのは、私は大江が、小説を書くにあたって、「紋切り型の表現を使わない」と書いていたのを、ちゃんと理解できず、「思い出す」という言葉を「紋切り型かもしれない」と思って、「思い上げる」などと書いたのである。

さらに思うと、「紫苑物語」は、現実の社会を知らない高校生がまねしたくなるような小説なのである。つまりファンタジーであって、私は今では石川淳の小説を評価していないが、当時は、こんなものでも純文学になるのかという気がしていた。ただ私が書きかけた小説は、級友に見せただけで頓挫してしまった。しかし石川淳の小説は、のちのちまで、通俗小説が純文学としてまかり通るという、村上春樹の先駆のようなものであり続けた。

クラシック音楽とホフマンに目覚める

一方その頃、私はクラシック音楽に目ざめていた。子供の頃に、母が「こども音楽館」というのを何冊か買ってくれたので、「ピーターと狼」(プロコフィエフ)、「コッペリア」(ドリーブ)などを聴いていたし、学校の音楽の時間に聴かされるクラシックも割と好きで、小六の時に聴いたシューマンの合唱曲「流浪の民」の、日本語訳のものなど今でも大好きである。だがこの時、初めて自分で、ビゼーの「カルメン」組曲のLPを買い、ついで、メンデルスゾーンのヴァイオリン協奏曲を目あてに、オイストラフのLPを買ったら、裏がチャイコフスキーのヴァイオリン協奏曲で、私はこちらが、大好きになってしまったのである。

そこで、文学にも飽きたから音楽を趣味にするかなあ、と思ったのである。といっても、楽器を習ったことさえないのである。大学へ入ってからピアノを始めたが、結局その時は、前田憲男の『作曲入門』を買ったり、音楽と縁の深いドイツのE《エー》・T《テー》・A《アー》・ホフマン（一七七六―一八二二）を読むという程度に終わったが、以後もクラシック音楽の趣味は続いた。ホフマンは、モーツァルトを尊敬して、エルンスト・テオドール・アマデウスと名のり、チャイコフスキーの『くるみ割り人形』や、ドリーブの『コッペリア』といったバレエや、オッフェンバックのオペラ『ホフマン物語』の原作者である。『コッペリア』は、愉快な物語にしたてられているが、原作「砂男」は、一種の怪奇小説である。『ホフマン物語』は映画にもなっており、ホフマンの作品いくつかを原作にしたものなのだが、『ホフマン物語』ではまるでホフマンの生涯でも描いたようで、ちと妙な題名だ（とはいえアニメの『アンデルセン物語』もあるのだが）。

　当時、創土社の『ホフマン全集』は何冊か出ていたのだが、知らずにいて、知っても高くて買えなかっただろう。文庫では『黄金の壺』が旺文社文庫にあり、「砂男」も入っていた。ところが、ほかに文庫がなかったので、あきたらず、岩波文庫の『黄金の壺』も読むという妙なことをした。岩波の訳者は、当時東大教養学部助教授だった神品芳夫《こうしなよしお》（一九三一―）だったが、授業を受けたりしたことはない。外国文学を読み始めて、私は、英語、フランス語、ドイツ語、ロシヤ語について、文庫目録を見ながら、その訳者名をメモしていった。そしてその顔ぶれが、日本を代表する英文学者やフランス文学者なのだと思っていた。だが実際にはそうではなく、フランス文学などは割とそれで合っているのだが、**英文学の場合は大久保康雄のような、アカデミズムの人でない翻訳家も結構いて、また大学教授でも、もう死んでいたり引退したりした人が多かったの**だった。神品などは、むしろ例外的なほうだ。

その中でも、大学一年の時に岩波文庫で、トーマス・マンの『ブッデンブローク家の人びと』を読んだ、その訳者は望月市恵《いちえ》（一九〇一―九一）だったが、私はかなりあとまで、女性だと思っていた。信州大学教授だった男である。

シェイクスピアとディケンズの正直な感想

次にシェイクスピアを読んだ。当時は新潮文庫の福田恆存訳が定番で、舞台では小田島雄志の新訳が使われ始めていたが、これは箱入りの『シェイクスピア全集』で、Uブックス版はまだ出ていなかった。私はまた、年譜つきから入ることにして、旺文社文庫の、大山俊一・敏子夫妻の訳を割と読んだが、家に『ハムレット』など中野好夫・三神勲らの訳の入った古い本があったから、訳はいろいろだが、面白かった。

その頃私は、アニメで放送されていた『赤毛のアン』（高畑勲監督）や、再放送されていた

『キャンディ・キャンディ』、人形劇の『プリンプリン物語』（石山透脚本）など、孤児少女ものが好きで、そのため並行して、ディケンズを読み始めた。だが、**ディケンズは今なお、私には難物であり、うまく評価が定まらない**。はじめに読んだのは、例のごとく年譜のある講談社文庫の[11]『オリヴァー・トウィスト』で、次に[12]『クリスマス・キャロル』で、ここまでは面白かった。だが、『デヴィッド・コパーフィールド』を、難儀しつつ四冊読み終えて、「面白いか？」と思ったのである。当時ディケンズは、通俗的で古臭いが、ドストエフスキーも影響を受けている、といった評価で、割と有名な英文学者の小池滋が、『リトル・ドリット』などを訳していた。だが、『二都物語』を読み始めて、あまりに筋の展開が冗漫なので、遂に挫折し、ディケンズはそれきりになってしまった。

はるかのちになって、大江や筒井が絶賛する[13]『荒涼館』を読んで、これは名作だと思ったが、その後『大いなる遺産』を読み始めたら、またつまらないのである。

実は、明治末から、日本の文学青年は、フランスとロシャの文学を読むものだったのだが、私はそのことを知らなかったのである。

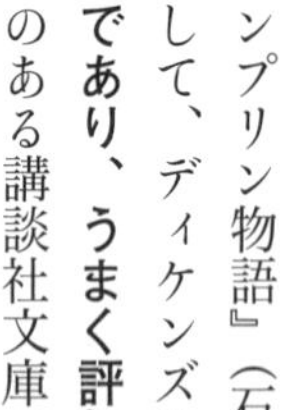

⑪『オリバー・ツイスト』（上）ディケンズ／中村能三訳／新潮文庫／2005

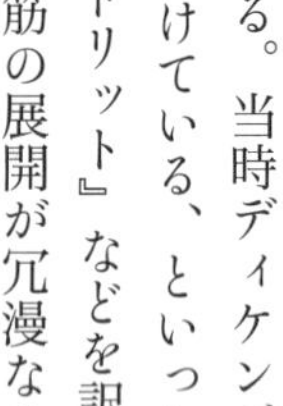

⑫『クリスマス・キャロル』ディケンズ／村岡花子訳／新潮文庫／2011

もうその頃は、一作家を全部いっきに読むということはしなくなり、あれこれつまみ喰いするようになっていた。「朝日新聞」で、当時は俳優でエッセイストだった伊丹十三（一九三三-九七）が、本を紹介するコラムを週一回連載していて、当時精神分析にこっていた伊丹は、フロイトの[14]『精神分析入門』と、岸田秀（一九三三- ）の[15]『ものぐさ精神分析』をまずあげていた。そこで私はいずれも読んだのだが、面白かったのは言うまでもない。特に、まだ青土社の単行本だったのを買った岸田のほうは、私が「通俗評論」というものの面白さを知ったはじめだった。

筒井康隆もフロイト読みで、**フロイトを読んだ人はマルクスへ行かず、逆もまたしかりと言っていたが、確かに私も、マルクス主義系のものは、だいぶあとになるまで読まなかった。**中学生の頃、宮本顕治と百合子の『十二年の手紙』を文春文庫で読んだことはあったのだが（これはずいぶん難しかった）、これは天皇制批判のためで、結局遂に私は今日にいたるまで、社会主義というものに共感したことはない。それにしても、それから数年後、本多勝一が、右翼出版社の文藝春秋から本を出す大江健三郎を批判することを思えば、そこから『十二年の手紙』が出ていたのは驚かさ

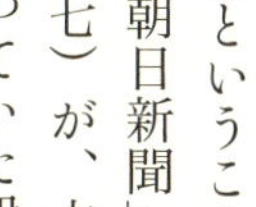

⓭『荒涼館〈1〉』ディケンズ／青木雄造・小池滋訳／ちくま文庫（全4巻）／1989

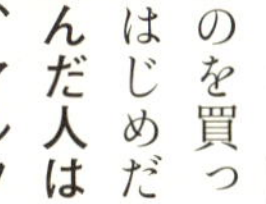

⓮『新版　精神分析入門　上』フロイト／安田徳太郎・安田一郎訳／角川ソフィア文庫／2012

れる。もっとも実際には最近でも、ノーム・チョムスキーのアメリカ批判の本も出しているのだが。

名作とされる「藝娼妓小説」に悩まされる

さて実は高二の冬、私は家にあった裸本の新潮文庫で、川端康成（一八九九－一九七二）の『雪国』を読んでいるのだが、これはどこが名作なのか分からず、あわてた。もちろん、人がそれを聞いたら、高校生で『雪国』が分かるはずがない、と言うかもしれない。柄谷行人（一九四一－）は、高校時代に、いわゆる世界の名作文学を濫読してそのままになっており、高校生の頭で読まれた名作は気の毒である、などと書いていた。基本的には私も、高校生では分からない文学がある、とは思うのだが、では今では『雪国』を名作だと思うかといえば、思わないのである。確かに、セックスしていることは、高校生では分からなかった。だが、それが分かっても、やはり名作だと思わないのである。

私は、三十を過ぎるころまで、日本近代文学における「藝娼妓《げいしょうぎ》小説」というものに悩まされた。**近松門左衛門の娼婦ものも感動せず、泉鏡花は好**

⑮『ものぐさ精神分析』岸田秀／中公文庫（改版）／1996

⑯『眠れる美女』川端康成／新潮文庫（改版）／2010

きだったが、男が二人の藝者に惚れられる『日本橋』は分からないし、永井荷風の『濹東綺《ぼくとうき》譚《だん》』も、これは二度は読んだのだが、どうしても感情移入できない（新藤兼人の映画は好きである）。もちろん私は、藝者や娼婦をあげたことはなく、ましてや風俗嬢であれ、恋愛関係とかになったことがない。一体、ほかの人たちはどういう風にこれらを享受しているのか。鏡花や里見弴は藝者と結婚したし、川端のも実体験に基づいている。だから、書く彼らと、現代の読者との間には障壁があるはずなのだが、どうも、読まれ続けているということは、ないのか。

だが、これら藝娼妓小説の愛読者に、女もいるということに気づいたのだが、それが、一種独特な、自分がもしこんな境涯だったらという、ロマンティックな幻想に基づいているらしい、ということに気づいたのは、佐伯順子さんのおかげである。

実はそれより前、ホフマン以来、幻想文学に関心をもっていたため、川端の『眠れる美女』[16]を読んだら、新潮文庫で併録の「片腕」ともども、すばらしい作品であった。そして以後、高三の時は、川端を読み耽ることになる。このことは、『川端康成伝』（中央公論新社）のはじめに書いたから省略するが、そのくせ、谷崎と漱石を、私は大学院生になるまでほとんど読まなかった。

漱石は、中学一年の時に、柴俊夫主演で『新・坊っちゃん』という連続ドラマをＮＨＫでやっていて面白かったので、『坊っちゃん』をその時に読んだ（なおこの時、マドンナ役に決まっていたのが大原麗子で、病気のため結城しのぶに代わった）が、高校生の時、お定まりの『こゝろ』の一部を教科書で読まされて、すごい違和感を持ったためである。谷崎は、家に、なぜか改造社の『現代日本文学全集』、つまり昭和二年の「円本」の「谷崎潤一郎集」が裸本であったので、それを読んだが、『痴人の愛』までの代表作が入っていて、『痴人の愛』は伏字だらけだった。そして、あまり面白くなかったので、以後読まずにいたのである。大学生の時に、母のものだった、角川文庫の『細雪』全三冊を読んで、いいなと思ったが、そのあと続けて読むということはなかった。

歴史小説＝大衆小説には夢中にならず

ところで、中学時代に好きだった歴史小説はどうなったのか。司馬遼太郎は、新聞に連載されていた「胡蝶《こちよう》の夢」を、毎回切り取って保存して読んだが、そのほか、古い代表作の『竜馬がゆく』などを読もうとは思わなかった。既に私には、歴史小説は大衆小説であるという序列意識ができていたからである。

私が中二の時、講談社から、「講談社学術文庫」「落語文庫」「講談名作文庫」「国枝史郎伝奇文庫」といったシリーズが発刊された。講談社はそれ以前にも、「森村桂文庫」「遠藤周作文庫」「吉川英治文庫」など独自の文庫シリーズを出していた。このうち、学術文庫と吉川文庫以外は、一時的に出ただけだった。吉川英治は、戦前からの人気作家で、のち、弟や未亡人が経営する六興出版が出したほかは、講談社がほぼ独占していて、天下の新潮文庫も、『黒田如《じょ》水《すい》』しかなかったが、このたび没後五十年を迎えて著作権が切れ、遂に新潮文庫が『宮本武蔵』『新書太閤記《たいこうき》』を組み入れ、講談社の牙城を崩した。

伝説の、中里介山《なかざとかいざん》『大菩薩峠《だいぼさつとうげ》』は、角川文庫で全二十七冊あったが、当時品切れだったたか、珍しく高校の図書室で二巻まで借りて読んだが、退屈だったから、それきりである。国枝史郎（一八八七－一九四三）は、さらにマイナーな明治から昭和の作家である。高校生の頃、古本屋でこの「伝奇文庫」を見つけて、半村良が絶賛していたので、三作品六冊を買ってきた。『蔦《つた》葛木曾 梯《かずらきそのかけはし》』『神州纐纈城《しんしゅうこうけつじょう》』『八《やつ》ヶ嶽《たけ》の魔神』である。で、学校で『蔦葛木曾梯』を読んでいたら、級友が寄ってきたので、「これ、読めるか」と言ったら、「つたくずきそさん」と言った。だが、この中では『八ヶ嶽の魔神』がまとまっていたがさして面白くなく、あと二点は支離滅裂だった。主人公が、奇怪な、だがあまり面白くない冒険をして、山の中などで別の男に会うと、今度はいつしかその男が主人公になるのである。『水滸伝《すいこでん》』のはじめのほうをまねたのかもしれないが、とにかく面白くはない。

国枝はそれほどでもないが、「**マイナーだがすごい！」と、一部で賞賛されるような過去の作家というのは、だいたい大したことがない。尾崎翠《みどり》がその典型**で、『第七官界彷徨《だいななかんかいほうこう》』は確かに面白いが、当時の新興藝術派には稲垣足穂《たるほ》だっていたのだし、ほかにも珍妙なモダニズム文学が流行した、その一種でしかない。龍胆寺雄《りゅうたんじゆう》も、川端を批判して文壇から干されたという伝説があり、全集まで出たが、単にいくらか頭がおかしかった作家である。夢野久作《ゆめのきゅうさく》も根強い人気があるが、『ドグラ・マグラ』なんて、あんなに長々と書く必要はないのである。夢野の場合、父親が右翼の頭目の杉山茂丸といったことも、伝説化に拍車を掛けているようだ。

先に出た稲田は、山田風太郎《ふうたろう》が面白い、とも言っていて、確か『甲賀忍法帖《こうがにんぽうちょう》』を貸してくれたのだが、どうもさして面白くはなかった。エロティック忍者ものということでは、柴錬立川《しばれんたつかわ》文庫のほうがずっと上だと思う。映画化された『くノ一忍法帖』は、墨田ユキが好きだったから良かったが、それは原作とは関係あるまい。太平洋戦争開戦の日と、敗戦の日のドキュメンタリー『同日同刻』（文春文庫、のちちくま文庫）は面白かったが、まさかこれをもって山田風太郎がいいと言うわけにもいくまい。山田というのも、何だか妙に人気のある作家である。

ところで、そのため、私は若いころ、人から本を借りるのが嫌だった。「面白いよ」と言って貸されたものが、面白くなかったら、相手との間が気まずくなる。かといって、面白かったと嘘をついて、同じ作家のものをまた貸されても困るだろう。

それに、本というのは、貸すと返ってこないことがある。本は天下の回りものだと思っている人がいるのである。

推理小説は読んだか

推理小説はどうなのかと思う人がいるかもしれない。私は小学校から中学時代に「刑事コロンボ」「警部マクロード」などが好きで、自分で推理小説を書こうとしたこともあったが、大学時代にアガサ・クリスティの『アクロイド殺人事件』を読み、激怒して八年ほど推理小説を読まなかった。

その「コロンボ」は、最初から犯人が分かっている倒叙《とうじょ》だから面白いのだが、一度、犯人が分からない「さらば提督」というのをやったことがある。ところが、いざ指名された犯人は、「誰、それ？ そんな人いたっけ」というような人物で、推理ものにはこの手のが実に多い。でかい邸宅で殺人事件があって、大家族で、使用人もいたりと、チェーホフの戯曲のように大勢出てきて、誰が誰でもどうでもいいや、という気持ちにさせておいて、これが犯人だ、とさも大発見のように言われて、もう誰でもいいよ、と思う、というようなのだ。

それに推理作家は多量の小説を書くが、一人の作家が、そんなにいろいろ書けるはずがなく、だいたいは使い回しのトリックに、列車とかで情緒をまぶしているだけである。ドラマになるとそれに温泉がつく。それでも、一般に古い通俗小説は読まれなくなるものだが、西洋の推理小説だけは、古典として残っているし、二十代半ばから、少しは読んだ。いちばん感銘を受けたのは、筒井康隆の[17]『ロートレック荘事件』（新潮文庫）で、数年前に、こういうのはほかにもあるのか、とネット上で訊いてみたら、いろいろ教えられたが、中町信《なかまちしん》の『新人文学賞殺人事件』（のち[18]『模倣の殺意』と改題）は面白かった。あとクロフツの[19]『樽』とか、夏樹静子の[20]『蒸発 ある愛の終わり』なども面白く読んだ。留学中に、勉強に疲れて読んだのが多い。

あとこれも、大江が言及していたので、ヘンリー・ミラーの[21]『北回帰線』などを読んだ。セックス描写で知られるミラーで、英文科の渡辺利雄教授がそうだったが、ミラーを認めない学者は多かった。これは米国の私小説ともいうべきもので、ミラーのパリでのルンペン生活ぶりが割と読みにくく書かれている。新潮文庫の大久保康雄訳で、当時猥褻《わいせつ》な箇所が削除されていたはずだが、読み終えて一週間ほどして、ふと思い出すと、ぱっと太陽の光が差すような記憶があった。

童話の思い出、詩集はお手上げ

さて、高三の夏、私は子供の頃『こども部屋』という、母が買っていた

⑰『ロートレック荘事件』筒井康隆／新潮文庫／1995

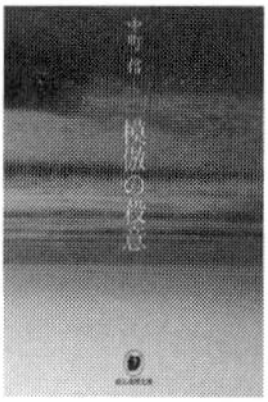

⑱『模倣の殺意』中町信／創元推理文庫／2004

⑲『樽』クロフツ、加賀山卓朗訳／ハヤカワ・ミステリ文庫／2005

雑誌でいくつかの童話を読んだのを、ふと思い出した。そのうちの一つが、努めると鮮やかによみがえってきて、また読みたいと思った。この時、ふとした直感で、それが、三木卓（一九三五－　）の講談社文庫から出ている童話集『七まいの葉』に入っていることに気づいたのである。それから私は、三木のものをまとめて読み始めた。倫理の教師から、『震える舌』[22]（新潮文庫）という、幼い娘が破傷風になって苦しむ小説のことを聞いていて、それはほどなく野村芳太郎によって映画化（一九八〇）されたので、これも観に行ったが、原作では男の医師が、中野良子の女医に変えられており、私は中野良子が好きだし、バッハの無伴奏チェロもよく、いい映画だった。三木の実体験なのかなあと思っていたが、最近講談社文芸文庫に入り、年譜で、やはりそうであることが分かった。

古い作家ばかり読んでいると、さすがに物足りず、私は大江に次いで、現代の好きな作家というのを見出したのである。これに味を占めて、現代作家で面白そうなのはないか、と文庫目録を見ていたら、金井美恵子（一九四七－　）というのを見つけた。当時金井はまだ三十二歳くらいで、それでも『愛の生活』『夢の時間』の二冊が新潮文庫にあった。これはさほ

⑳『蒸発　ある愛の終わり』夏樹静子／光文社文庫／2007

㉑『北回帰線』ヘンリー・ミラー、本田康典訳／水声社／2004

㉒『震える舌』三木卓／講談社文芸文庫／2010

ど面白くなかったが、講談社文庫にあったエッセイ集[23]『夜になっても遊びつづけろ』は、例の金井流毒舌で、面白かった。詩集も読んだ。

私は、詩は分からないことになっているが、高校二年の頃、萩原朔太郎の詩集は読んで、影響を受けた詩を書いてみたことはあった。だが、詩というのは、一流と二流以下の区別はつくが、二流以下の上下の区別がつかないのである。後になって、朔太郎と高村光太郎が日本近代の二大詩人だと分かるが、これに宮沢賢治と北原白秋を加えたとして、思潮社の「現代詩文庫」などに入っている片々たる詩人となると、どれもこれもどんぐりの背比べのように思う。

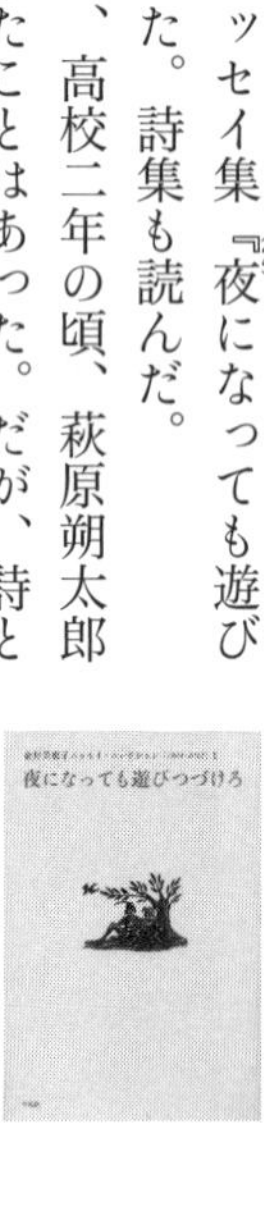

㉓『夜になっても遊びつづけろ』金井美恵子エッセイ・コレクション1（全4巻）／平凡社／2013

もっとも、日本の近代詩というのは、西洋の詩のまねであり、西洋の詩には韻律があるが、日本の詩にはないので、まともな韻文とは本当は言えないのだ。日本の和歌・俳句などは音数律である。最近、英語俳句などというものをやっているが、音数律が崩れているのだから、あれは俳句のニセモノである。和歌も、『万葉集』だけはさすがにすばらしいが、『古今和歌集』以下になると、本当にいいのか、よく分からない。ただ、家集、つまり西行の『山家集』など、個人の和歌を集めたものを読むと、クズが多くて、勅撰集はそれなりに優れていることが分かる。源実朝《さねとも》の『金槐《きんかい》和歌集』など、有名な万葉調の歌というのはごく少数でしかなく、あとは当時の宮廷和歌の下手な模倣なのである。

夏目漱石は、英国で英文学を研究しようとして失望し、英文学に裏切られたような気持ちになったと書いている。これは、漱石が「文学」として考えていたのが漢文学で、漢文学とは、『論語』や『春秋』などの、倫理や歴史一切を含むものだったので、いわゆる「文学」とは違ったから、というのが一般的な解釈である。だが、**現代人は、文学の勉強というと、小説をやるものだと思っているが、漱石が学んだのは、シェイクスピアと、ロマン派の詩**である。

漱石当時つまり一九〇〇年前後も、現代も、オーソドックスな英文学者が研究するのは、シェイクスピアかロマン派の詩なのである。私の当時は、死んだ文学者でなければ卒論の対象にできないと言われていたのが、今では山田詠美すら国文科で研究対象になるご時世だが、東大の奥の院みたいなところへ行くと、今でも古典的である。ドイツ文学ならゲーテ、フランス文学ならボードレールかマラルメ、イタリア文学ならダンテといったところが、正統的な学者の研究対象であるということに変わりはない。

英国ロマン派の詩というのは、ワーズワス、コールリッジ、キーツ、シェリーといったあたりだが、これは、日本人が英語で読むと、おかしなものである。たとえば「おお、ナイチンゲールよ！」などとやる。日本人の「詩」の感覚では、静かに、つぶやくように謳うのが詩である。「おお」だの「！」だのが入ると、ひどく下品な感じがする。漱石は、それについていけなかったのだと思う。

私も、外国の詩はまったくお手上げというに近い。日本人は漢詩を読み下しで鑑賞しているが、あれは既に日本の詩である。西洋の詩も、叙事詩ならともかく、抒情詩とか前衛詩は、翻訳で読んでもほとんど意味がないものだ。ただどういうものか、アメリカの詩だけは、翻訳でも分かることがある。ホイットマンやエミリー・ディキンスンである。もっとも、英語の詩の親戚みたいなものとして、ロックやポピュラー音楽の歌詞があるわけで、日本人の多くはそういうものを通して西洋の詩に触れているともいえる。つまりクイーンの「ボヘミアン・ラプソディー」みたいなもののことだ。

どうしても外国の詩が読みたかったら、原語で読むべしということになるが、私は斎藤勇の『英詩概論』（研究社）で、おおよその理屈はつかんだ。**読むのには、朗読のうまい先生による講義に出るのが実はいちばんいい。**

漱石の公式「F＋f」は、小説読解に使える

さて、それで漱石は、『文学論』で、「F＋f」などという公式を立てるのだが、これはこういうことである。**文学研究の基礎は、古典文学にあるような、注釈である。何が書いてあるかということをまず調べる。その成果が「F」である。そして、そこから受ける感動が「f」で**

ある。つまり漱石は、いくら詩の評釈を聞いても、「f」が得られなかったのだと思う。

つまり、「何が書いてあるかは分かっても、面白くない」ということである。漱石の『文学論』は、通読するほどの意味のあるものではないが、「F＋f」の公式は使える。たとえば、ナボコフの『ロリータ』は、少女愛好の小説だと思われているが、実際に読むと、そういうものではない。新潮文庫の若島正による新訳に大江健三郎が解説を寄せて、少女愛小説として読みたいとわざわざ書いている。

ではどういう小説なのかというと、その若島の『ロリータ、ロリータ、ロリータ』（作品社）に、いろいろな「仕掛け」がある小説だとしてそれが解読されている。だが、私は読んでもちっとも面白いと思わなかったのである。若島もナボコフも、チェスが好きだ。しかし私は、チェスはおろか、囲碁・将棋が分からない。将棋のほうはずいぶん勉強したのだが、まったくだめだったのは、面白いと思わないからである。詰将棋というのがあって、こうしてこうしてこうすると詰む、だがここで間違えると詰まない、などと解説を受けても、（それの何が面白いのか）としか思わないのである。『ロリータ』についても、同じことであろう、と推測できたのである。つまり「解説＝F」は分かっても、「面白さ＝f」を感じないわけである。

しばしば、外国の文学を学ぶに際して、文化の壁ということが言われる。西洋ならキリスト教が根底にあるから、といったことだ。だが、**日本のある種の私小説といったもので、作家の伝記を知らないと分からないものというのが結構あって、徳田秋声の『仮装人物』などその最たるもの**である。それも、伝記を調べていくと面白いのだが、果たして、伝記を調べないと面白くない小説がいい小説か、という疑問を抱くのは当然のことである。だが、現実には、伝記を調べたほうが面白い小説もあれば、スタンダールのように、作品より実人生のほうが面白いということすらある。

文学、演劇、クラシック音楽、歴史に興味が集中

さて私は高三のはじめ、一人で歌舞伎座へ歌舞伎を観に行った。これはおそらく、テレビで市川猿之助《えんのすけ》の特集をやったので、関心を持ったのだろう。また秋に、カール・ベーム指揮のベルリン・オペラが来日して、その演目をNHK教育テレビでやっていたうち、『フィガロの結婚』がものすごく面白くて、大学へ行ったら美学科へ行ってオペラ研究をしようなどと考えたのである。このあたりで、今に至る私の興味関心の骨格は定まったと言えるだろう。

高二の時から、大相撲ファンになって、力士別の星取表を作っていたし、新約・旧約聖書が一冊になった文語訳聖書を買ってきて、一日一章ずつ読んでいたのだが、これがちっとも面白くなかった。

したがって、私の関心は、文学、演劇、クラシック音楽、歴史にあり、哲学、宗教、美術、経済学などにはなかった。それが今も続いているわけである。

宗教や哲学に夢中になる若者は多い。近代日本はずっとそうだったとも言えるが、世界中どこでも、市民社会が成立してからはそうだったとも言える。ベストセラーの一位は、実はほとんど毎年、『人間革命』なのだが、あまり毎年なので、抜かしているともいう。**大正時代から、文学書より宗教・哲学書のほうが売れるので、文学者はいらだってきた。一九八四年頃から始まる「ニューアカ」ブームにしても、宗教と哲学のブームだったといえる**し、私も少しはそれに浮かれたから、これはいいのだが、美術がなんでダメなのか。

もちろん、印象派を中心としたいわゆる「泰西名画《たいせいめいが》」は知っていたし、ジャポニカの続巻に、「日本・世界美術名宝事典」の二巻があって、時おりは眺めていた。家には画集の類はあまりなかったが、少しずつ自分で、廉《やす》いものを買ったり、大学生になったら展覧会に行ったりもした。モローやアングルが好きだったと思う。つまり裸婦とか、美人像が好きなのである。だが、のめりこむことはなかった。絵というのは、時間性がない、などといろいろ理由は考えたが、要するに、見てしまえばそれまでで、本のように、読むという行為が必然的にともなわないせいもある。もちろん、入門書とか概説書はあるが、それは絵そのものを鑑賞するのとは別個の行為である。

高校を出て予備校へ一年行ったが、この時はむしろ、クラシック音楽のLPを買うのが楽しかった。あと、日本の古典を読むようになり、『源氏物語』を、岩波文庫と、中公文庫の谷崎訳を交互に読んでいった。

ところが、私は英語が実は苦手なのである。これは、英文科へ行ったことを知る人に驚かれたことがあるのだが、私が英文科へ行ったのは、例のシェイクスピア好きの続きでもあるが、決定づけたのは、児童文学のサークルの女性の先輩が英文科にいて、その人にあこがれていたからである。

高校時代に、英語の本も読もうと思い、『フランダースの犬』という薄い洋書を買ったのだが、英語の読み方の基本がなっていないから、それですら苦労した。だが、英語のことは、別に章をもうけて詳しく語ろう。

英語に比べると、古文は実にやさしくて、古文の時間に、なんでほかの生徒が読めないのか不思議に思うほどだった。よほど頭が日本語向きに出来ているのだろう。

予備校時代の終り頃に、大岡昇平の(24)『俘虜記《ふりょき》』を読んだら面白かったので、大岡が訳したスタンダールの『パルムの僧院』を読んだのだが、これは不思議だった。つまり、今一つ面白さが分からないのだが、何か漠然とした「かっこいい」という感じだけが残った。フランス文学に開眼した、といえるのは、英文科時代に、たまたま浅草へ行った時、仲見世でふらりと立ち寄った書店で、いくらか古い世界文学全集に、バルザックの[25]『従妹《いとこ》ベット』が入っていたのを買って、読んだらあまりにすごいのでびっくりして部屋の中を歩き回った時のことである。バルザックのほかの作品も読んだが、『従妹ベット』にはとても及ばないと思った。

『俘虜記』というのは、はじめの「捕まるまで」という短編ではなく、長編である。大岡の『野火《のび》』は、短いのでよく読まれており、丸谷才一は『文章読本』で、『野火』の比喩を盛んに実例として用いている。だが私には、『野火』はおかしいと思えるのである。最近、大岡の自伝『少年』を読んだら、大岡が途中まで青山学院へ行っていて、かなりキリスト教の影響を受けていたことを知り、謎が解けた。『野火』は、ヤソ臭いのである。これは最近あちこちで書いているが、**日本ではかくのごとく、キリスト教系の学校へ行った潜在的キリスト教徒が多い**のである。私はそれではない。**そのへんで、ドストエフスキーの評価などに食い違いが生じる**のである。遠藤周作や井上ひさし、福永武彦など、私が違和感を覚える文学者は、おおむねその系統である。大岡は、しかし、あまりそれが表に出ないほうである。

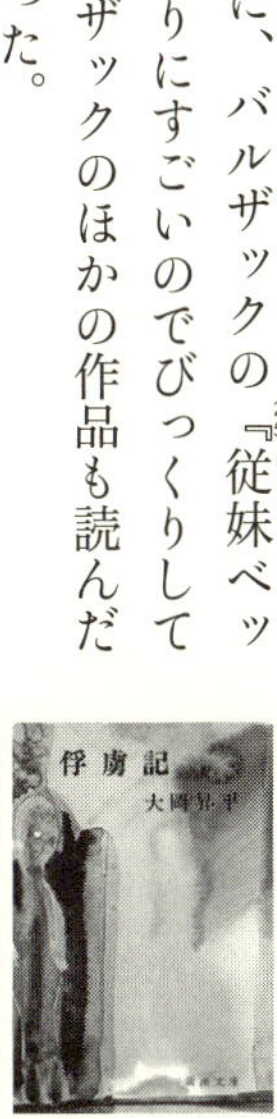

㉔『俘虜記』大岡昇平／新潮文庫／1967

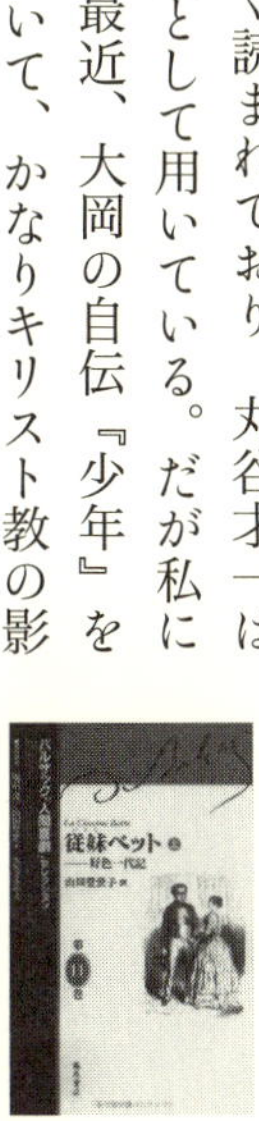

㉕『バルザック「人間喜劇」セレクション　従妹ベット(上)』バルザック、山田登世子訳／藤原書店／2001

大学へ入ってからは、授業のための読書もあり、児童文学のサークルの読書会に精励出席していたから、それでの読書もあって、まったくの濫読である。

そこでこの自伝的な記述は切り上げて、勉強・整理法に移ることにしよう。

第二章 知を体系化するデータベース作成法

各作家の「著作年譜」をつくるとよし

さて、川喜田二郎の「ＫＪ法」というのがある。これはカード形式で情報を整理するというものだ。呉智英の本にも、これの応用が書かれている。だが、これは私にはちっともうまくできなかった。

呉氏の実例にならって、大学院生のころ、カード入れケースとカードを買ってきて、読んだ本の要約や、思いついたことを書いてはケースに入れていたのだが、どうもうまくいかず、ほどなくやめてしまった。

呉氏は、その後、私信で、今ならパソコンでしょうと言っていたが、なるほどそうでもあろうが、そもそもカード式自体が、私にはうまくいかなかったということについて、考えておかないといけない。

ＫＪ法は「京大式カード」とも言われるのだが、京大というのは、ここでは、のちに民族学博物館（民博）に集まった、梅棹も含まれる、半分理系の学者の集まりである。このカード式というのは、理系のための方式ではないのかと思う。

それなら、人文系では何をしてまとめれば良いのか、ということだが、初期の勉強に際してノートにまとめたりするのはいいとして、あとは、**データ化できるものをデータ化する**ということだと思う。

その一つが、前に書いた、作家ごとの著作年譜である。**存外人は、その人物が何歳でそれを書いたかといったことを閑却して本を読むものだが、それを整理して、何歳で何を書いたということを、いっぺん記録して、できれば頭に入れて読む**と、それをしないよりよほどいい。

夏目漱石の『行人《こうじん》』に、マラルメの逸話が出てくる。マラルメが友人を集めて詩の朗読などをする会で、いつもマラルメが座る席が決まっていたのに、ある日、初めて来た客が、知らずにマラルメの席に座ってしまい、マラルメが困ったという話である。

明治・大正の文学者の文章を読んでいると、西洋の文学者や藝術家の伝記的事実をよく知っていることに気づく。つまり当時は、まず**伝記から入るというやり方が一般的だった**のである。文学研究の世界でも、まず伝記であり、しかるのち、それを基礎として作品を読むというのが普通だった。

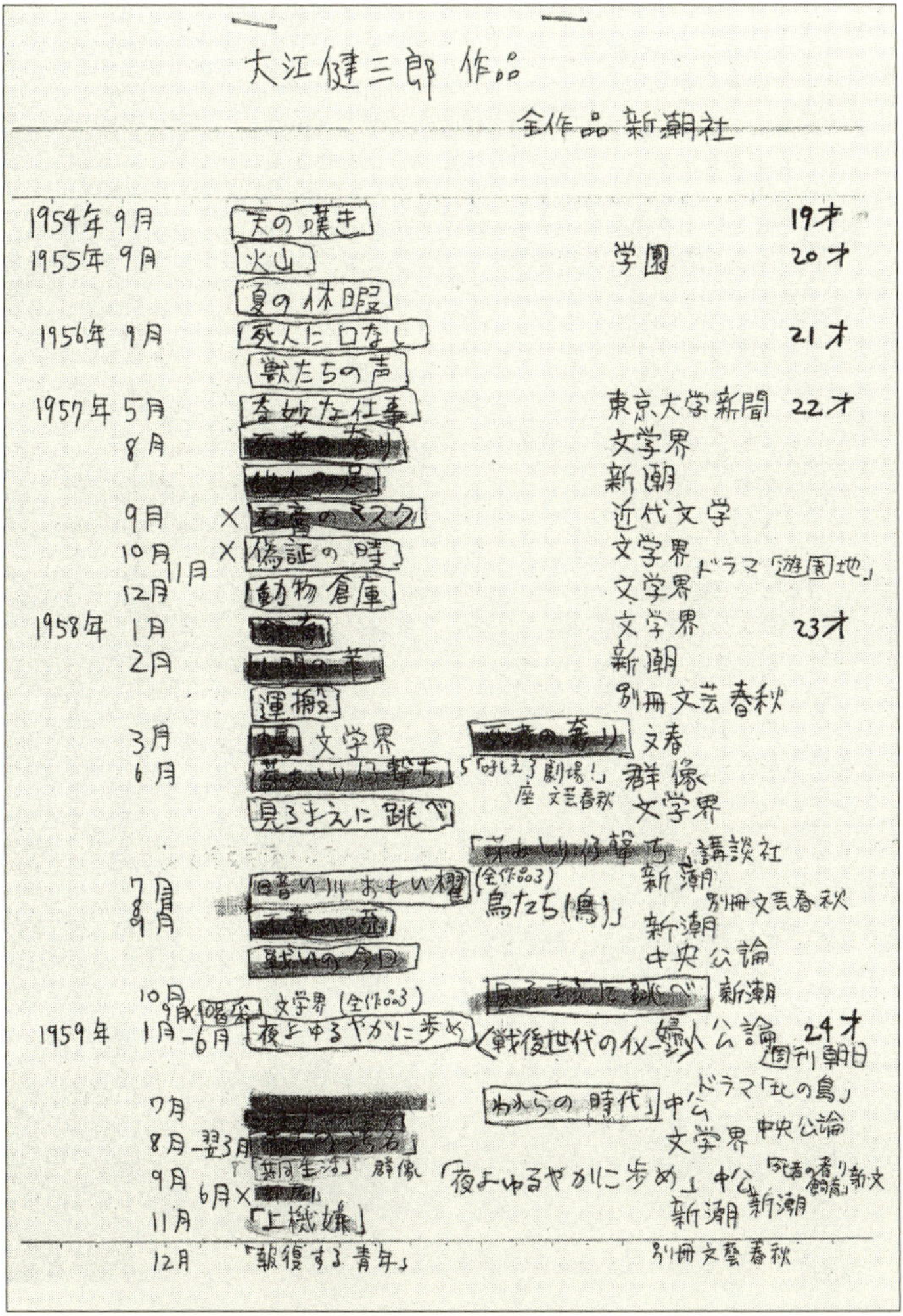

各作家が何歳で書いた作品かを整理した「著作年譜」。まとめ直すと頭に入るし、作品の理解が深まる。読んだ作品は蛍光ペンで印をつけてある。

ところが、戦後、ニュークリティィシズム（新批評）という詩の批評、研究、大学での授業の方法があらわれた。これは、作者が誰かということを不問に付し、純粋に作品と向き合うというやり方で、少しずつ広まり、遂に「テクスト論」というものに至る。

だが、テクスト論は決定的な矛盾をはらんでいた。まず、テクストの範囲とは何かということで、たとえば『こゝろ』がテクストだというのは恣意《しい》的で、『漱石全集』がテクストだったらどうするのか。また、テクスト論では、読者・研究者は、知っていることを知らないふりをしなければならない。さらに、テクスト内に書かれていることを、なぜ知っているのか。『三四郎』にライスカレーが出て来るが、ライスカレーが当時の新しい食べ物であることは、テクストだけからは分からない。なお言うなら、三四郎が第五高等学校を出て東京帝大へ来たといった、当時の学校制度も、テクストだけからは分からない。また、伝記はテクストではないのか。こうして、テクスト論は破綻したのである。

だがもともと新批評というのは、伝記的研究にあきたりず、それを補完し、それと対抗するためのものだったのに、学生たちが伝記をないがしろにし始めて、とうとう、伝記も知らずに作品だけ読むようになってしまったのである。

さらにこの話は続くのだが、専門的なので、はぶく。

私は谷崎潤一郎、里見弴《さとみとん》、久米正雄、川端康成の伝記を書いたが、これらはまず、詳細年譜を作ることから始まっている。各々の作家について、何年何月何日に何をしたかということを書きだすのである。むろん、作品、特に随筆、書簡、日記、他人の記録などを調べて書くのだ。こういう年表のはじめは、荒正人《あらまさひと》（一九一三―七九）の『漱石研究年表』（一九七四）で、これは集英社の『漱石文学全集』の附録として作られたものである。

だが「研究年表」という名称は、誤解をまねく。なんだか、漱石研究の年表のように見えるのだ。だが、荒のものが有名になったため、以後も踏襲されるようになり、苦木《にがき》虎雄《とらお》『鷗外研究年表』（二〇〇六）、安藤武『三島由紀夫研究年表』（一九八八）などが出ている。ほかにも、芥川全集には詳細年表がついていたり、次第に増えている。

なお私は、こういうのを作っているうちに、自分の詳細年表まで作ってしまった。そう言うと気持ち悪そうだが、なに、子供の時からずっと日記をつけているという人もいるわけだし、それを簡略化したものだと思えばいい。

私は日記はつけない。というのは、面倒だからだが、中学生の頃、ご多分に漏れず一月一日から日記をつけ始めて、挫折したのだが、というのは、日記をつけていると、特にその日起きたことと関係ない感想を延々と書いてしまい、随想録みたいになってしまったからである。

それと、夜書くのでも翌日書くのでも、できごとをすぐ書くと、冷静さや客観性が失われがちだ。何か事件ないし大きな出来事があって、記録のために書くなら、なるべく早く書いたほうが正確でいいが、そうでない日記は、別につける必要はないし、今のところそれほど暇でもない。

ただこれは単なる私の考えなので、まねする必要は全然なく、日記をつけたい人はつければよい。

日記の代わりに私がつけているのが、金銭出納《すいとう》帳で、これは小学生の時からずっとつけている。高校生くらいまでは、外で食べて自分で支払うということがあまりなかったから、そういうものまで書いていたが、大学生になってからは、そんなものまでいちいちつけていられないので、だいたいは書籍である。普通の金銭出納帳につけているが、収支計算はしているけれど、単にその月の収入と、書籍、DVD、運賃、家賃、電気、ガスなどの支出があるに過ぎない。さらに、**一番右に小さな欄があるので、そこに、買った順に書籍の番号を振っている。**ただしある時期から四ケタになったので、下三ケタだけ書いてあり、今は五ケタなので、これも下四ケタだけである。そして、**読了したら斜め線でこの数字を消す。中途で放り出したら、横棒を引く。**

だからこれを見ると、ああこの本はずいぶん前に買ったのにまだ読んでいないなあ、ということが分かる。

一度買った本を、買ったことを忘れてまた買ってしまうという人がいて、中にはもう三冊あるとかいう人もいる。私は昔はそういうことはなかったが、それはこの金銭出納帳のおかげかもしれない。だが最近は、少しそういうこともある。たいていは、出先でうっかり買ってしまうのだが、考えても買ったかどうか思い出せない、確定できないということがあって、この金銭出納帳は、既に十数冊になっているので、検索できるよう電子化も考えるべきだが、実はそれほど多くはなく、電子化する手間より、同じ本を二度買ってしまうほうが安あがりだとも言える。

我ながらおかしいと思うのは、本屋や古書店で、自分が持っている本を見つけて、あっ、そうだ、あれを確認しておこうと、その場で確認することがあることだ。これは、自分のところで探すのが難しいということもあるが、実際は、さほど重要でないことであるため、忘れてしまっていて、その場で思い出すというだけのことだ。

読書ノートのつくり方

あと、読書記録というノートがあり、これは高校生の時に始めたもので、現在五冊目である。これはB5判の縦罫ノートを買ってきて、横にして横書きで書いている。なぜ横書きノートを使わないかというと、横書きだとスペースが足りないからである。**左から、月日、書名、間をあけて著者名を書く。翻訳や古典の場合は、訳者、校訂・校註者の名前も書く。もしそれが何**

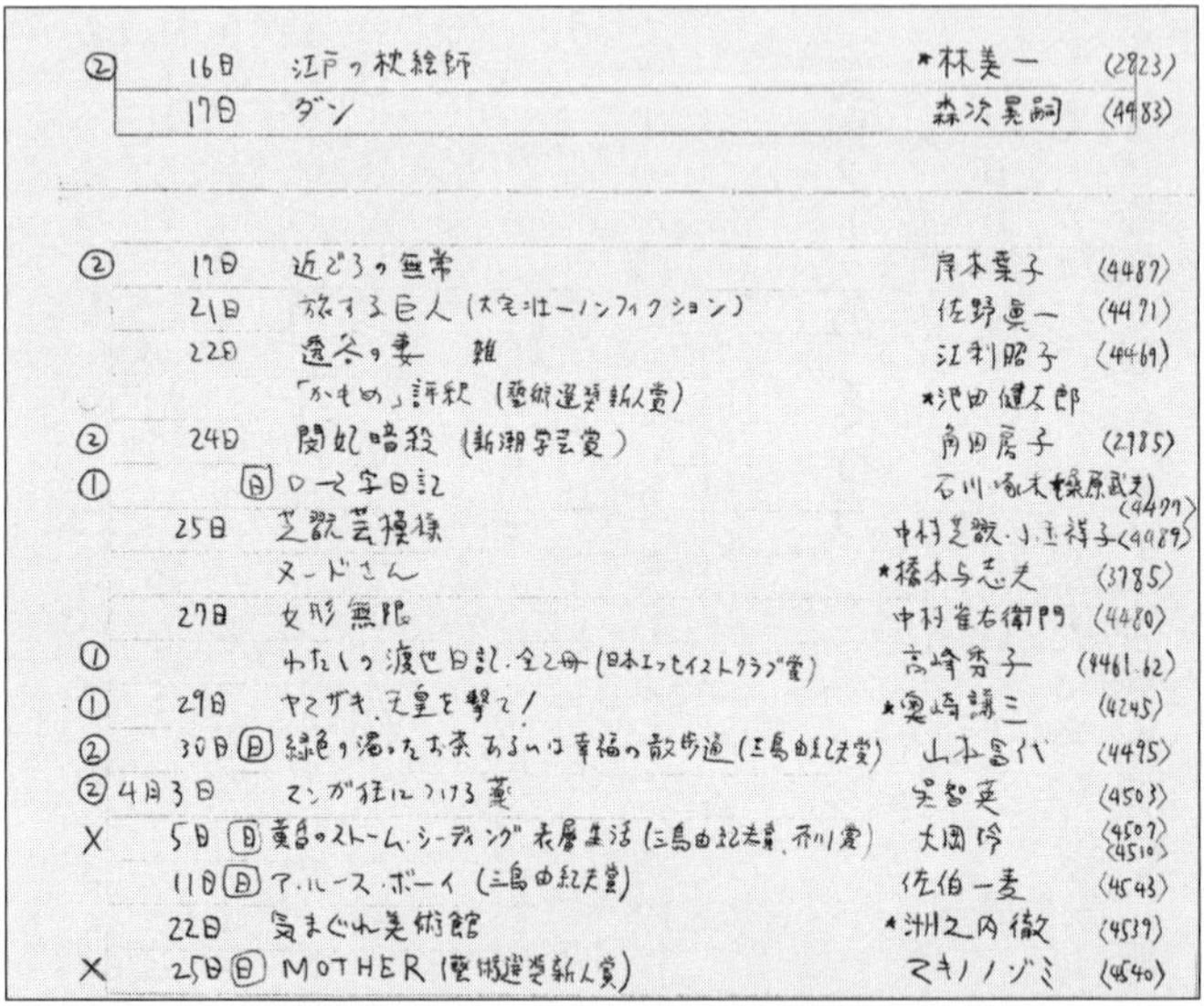

②	16日	江戸の枕絵師	★林美一	〈2823〉
	17日	ダン	森次晃嗣	〈4483〉
②	17日	近ごろの無常	岸本葉子	〈4487〉
	21日	旅する巨人（大宅壮一ノンフィクション）	佐野眞一	〈4471〉
	22日	透谷の妻　雑	江刺昭子	〈4469〉
		「かもめ」評釈（芸術選奨新人賞）	★池田健太郎	
②	24日	閔妃暗殺（新潮学芸賞）	角田房子	〈2985〉
①	日	ローマ字日記	石川啄木 桑原武夫	〈4477〉
	25日	芝翫芸模様	中村芝翫・小玉祥子	〈4489〉
		ヌードさん	★橋本与志夫	〈3785〉
	27日	女形無限	中村雀右衛門	〈4480〉
①		わたしの渡世日記・全2冊（日本エッセイストクラブ賞）	高峰秀子	〈4461.62〉
①	29日	ヤマザキ、天皇を撃て！	★奥崎謙三	〈4245〉
②	30日 日	緑色の濁ったお茶 あるいは幸福の散歩道（三島由紀夫賞）	山本昌代	〈4495〉
②	4月3日	マンガ狂につける薬	呉智英	〈4503〉
×	5日 日	黄色のストーム・シーティング 表層生活（三島由紀夫賞、芥川賞）	大岡玲	〈4507〉〈4510〉
	11日 日	ア・ルース・ボーイ（三島由紀夫賞）	佐伯一麦	〈4543〉
	22日	気まぐれ美術館	★洲之内徹	〈4539〉
×	25日 日	MOTHER（芸術選奨新人賞）	マキノノゾミ	〈4540〉

「読書ノート」。左から買った日付、タイトル、著者名。感想は一番左に記号化して入れる。

か受賞したものなら、間のスペースに「芥川賞」などと書き込む。一時はそこに簡単な感想を書いていたこともあった。

ところで途中から困ったことが起きたのは、全部読まずに放り出す本というのが増えてきたからである。この、**「本は全部読まなくていい」というのは重要なこと**で、若いころは分からなくも無理して精読してもいいのだが、三十過ぎくらいまで読書生活をしてくると、つまらない本は途中で放り出していいということに気づく。若いうちは、買った本はもったいないし、古本屋へ持って行ってもそんな高値はつかない。二千円で買った本でも百円くらいになるし、文庫本の汚いのなど、断られることもある。だが、後の方に、重要なことが書いてありそうだったら、飛んでそこまで行って読めばいいのである。

あるいは、最近はよく飛ばし読みをする。斜め読みとも言うが、いちばん飛ばし読みに適しているのは推理小説で、つまらない古典（つまらない現代ものを読む必要はないから）など、どんどん飛ばしていい。あと、映画化されたのを観て、それから原作を読むというのがあって、その昔、角川書店が角川商法で、自社の文庫小説をつぎつぎ映画化した時のキャッチコピーは「読んでから見るか、見てから読むか」だった。

一般的には、筋は変わらないので、内田吐夢が映画化した水上勉の『飢餓海峡』など、全二冊を一時間もあれば読める。松本清張の『砂の器』は、映画を観てから読むと、途中から映画にない奇妙な筋が出てきて、けっこう原作がトンデモであったことに気づくが、これも飛ばし読みで発見できる。

ところで、映画化されたものを先に観ても、原作を読むのはまた違うという小説ももちろんある。漱石の『坊っちゃん』や、藤村の『破戒』、川端康成の『雪国』などはそうだ。おおざっぱに言って、純文学と言われるものほど、映画とのへだたりは大きい。

で、問題は、そういう読み方をした本を「読書記録」に入れるかどうかだが、だいたい読んだ時は、「粗」とか「雑」とか、鉛筆で書いている。粗と雑とどう違うかというと、違わない。

途中で間違えて統一していないだけである。あと、**六割くらいちゃんと読んだが、もういいやと思って捨てた本は「残」としている。**

感想は記号化する

外国の本は、翻訳で読んでも、原題で書いている。これは我ながら見栄みたいでおかしいし、インターネットのブログで、同じことをしている東大の院生らしいのがいる。著者名もアルファベットである。だがこれは、見栄のようでいて、それなりに外国語の勉強になるのである。ただし、私はロシヤ語が未だにできず、キリル文字が読めないため、四十歳を過ぎてから、ロシヤ語のものは日本語で書くことにした。トルコ語とかタイ語とかペルシア語とかでもそうだが、邦訳題が原題と大きく違う時は、アルファベットで記しておく。タイでよく知られた大衆小説であるトム・ヤンティの『メナムの残照』は、「クーカム」（永遠なる人）が原題なので、そう書いた。

さらに、**左側の余白に、全部ではなく、①②、×と鉛筆で書いてある（80ページ）。すごくいい本が①、それに準ずるのが②、ダメだったのが×である。**これで時々驚くのは、あとで見ると、あれ、この本に①がついているが、そんなに良かったかなあ、と思うことがあることである。つまり、読んだ直後はすごくいいと思っても、時間がたつとそうでもなくなるものがあるということだ。

今では、「×」がつくくらいの本は読まない。はじめの方だけで放り出すので、×がついているのは、仕事上の必要で読んだか、よほど世間で名著だと言われているか、著者と知り合いで義理で読んだかのいずれかである。

気にする人がいるかもしれないので書いておくと、**世間で名著と言われているから読む、というのは、別に権威主義ではない**（もちろん古典的名著のことである）。自分の目で確かめるという意味もあるし、ある程度は我慢して読んだ方がいい。ただし、世の中には、読まなくていい古典的名著というのもある。

古典的名著は「飛ばし読み」で

たとえば、ホッブズの『リヴァイアサン』などは、全部読む必要はまずない。かつては、前半だけ二冊が岩波文庫から出ていたが、今は四冊で、完訳されている。だがこれは、人間とは何か、といった基本的なことがらから、もしかして考えていることを全部書いたのではないかと思える本で、**あらあら概略が書いてあるものを読み、少し覗いてみるだけでいい**のである。

ちなみに私は、二冊本だった時に全部読んでしまった。

あるいは、プルーストの『失われた時を求めて』という長い小説がある。これは名作とされているが、私は井上究一郎訳のちくま文庫で読んだが、精読はしていない。あれは中に長々とした思弁とかが入っているので、そこは飛ばして読んだ。日本の古典『太平記』も、中にシナの故事を入れ込んでかなり水増しされているので、そこは飛ばして読んだほうが、**まじめに読んで挫折するよりいい。**

あと、論文で話は尽きているのに、本にするために水増ししたという例がある。たとえば、サミュエル・ハンチントンの『文明の衝突』という本がある。米ソのイデオロギー対立の時代が終わり、キリスト教世界とイスラム世界との衝突が始まると予見した本だが、これはもともと論文として発表されて反響を呼んだために、水増しして本にしたものである。あるいは、神護寺にある、源頼朝像とされていた肖像画が、実は時代の違う、足利直義の像ではないかとした、米倉迪夫《みちお》（一九四五－　）の『源頼朝像』（平凡社ライブラリー）も、書いてあることは一本の論文で済むことである。ただ後者は私も単行本を買って読んだが、特に損をしたという気はしなかった。

というのは、論文を手に入れるのが一般人にはやや面倒だし、保存が厄介だからである。学術雑誌に載った論文は、抜き刷りというのを、著者がもらえる。その部分だけ小冊子型にしたものである。だが、それをもらっても、小さいからどこかへ紛れてしまうことが多い。中には、それに表紙をつけて簡易製本している人もいるが、果たしてそこまで手間をかけるほどのものか、と迷うことも多いのである。

初学者の場合は、そんな水増し本でも、全部読むといろいろ学ぶところがあるが、呉智英流にいえば、**読者としての段数が上がってきて、これは水増し本だなと思ったら、必要なところだけ読めばいい**。

やたら長い古典は「抄訳」で

さて、文学作品の古典で、やたら長いもの、あるいは『今昔物語集』のように、説話をたくさん集めて厖大な量になるもの、などがある。前者について、私は若いころは、抄訳などではダメだと思い込んでおり、旺文社文庫などで「抄訳」とあると忌避してきたのだが、次第に、それでもいいという気持ちになってきた。

たとえば『水滸伝』も長いが、これははじめは抄訳で読んだほうが、飽きなくていい。それで面白かったら、いずれ暇を見て全訳にとりくめばいいのである。この点、**岩波少年文庫の抄訳というのが、良心的でいい**。呉智英は、岩波ジュニア新書は名著ぞろいだとしており、私はあまり自分で検証していないが、おおむね、少年向けに書かれたものは、余計な枝葉を切り落としているから、良書になる確率が高いといえる。

なお、日本の「文庫本」には「解説」が最後についている。現代作家の恋愛小説や推理小説についている解説は、単なるアクセサリーだが、古典的な作品の場合は、重要である。だが、概して「書誌」がしっかりしていないことが多い。書誌というのは、その作品が最初はどこに発表、連載されたかといった事項である。

最近では、推理小説でなくても「ネタバレ」に対して厳しい世間というのがあるから、解説だからといっておいそれと筋の展開に触れられないようになっている。宮部みゆきの『R．P．G』という小説が集英社文庫に入っていて、清水義範《よしのり》が解説を書いているのだが、その解説が「間違っている」という人がいた。私は、おそらく……と思ったがまだ読んでいなかったので、後で読んでみたら、案の定で、清水は、ネタバレにならないようにわざと間違えて書いていたのである。

哲学書など、難解なものの場合、解説はむしろ必須だが、こちらは、後ろについているのが変で、英語の本なら最初に「イントロダクション」としてついているべきものだ。**中央公論社の「世界の名著」「日本の名著」シリーズなどは、前に解説がついている。これがしかるべき姿である。**もっとも、後ろについていても、先に読んでもかまわないわけだから、先に読んでしまえばいいだろう。

THEME DATE

Herbert Selby, Jr., Julian Mayfield,

1929 ☆Urshla K. Le Guin, Chaim Potok, Adrienne Rich,

1930 ☆John Barth, Lorraine Hansberry, Gregory Corso, Gary Snyder, Stanley El

Bruce Jay Friedman, Norman Podhoretz, E.L. Cunningsterg

1931 ☆Donald Barthelme, Tom wolfe, Floyd Salas E.L. Doctorow Alice I

Robert B. Parker

1932 ☆John Updike, Ronald Sukenick, Michael MacLure, Robert Coover, Edward G

1933 ☆Philip Roth, D. Westlake ☆Susan Sontag, John Gardner, ☆Jerzy Kosinsk

1934 LeRoi Jones, John Rechy, Scott Mamody Cormac McC

1935 Ken Elton Kesey, ☆Richard Brautigan, Jack Richardson, Tom Reamy

1936 Don Delillo. ☆Richard Bach, Jim Harrison, Eric

1937 ☆Thomas Pynchon, Lanford wilson, Arthur Kopit, Joseph Wambaugh Rober

1938 Joyce Carol Oates, Charles Newman, ☆Ishmael Reed, ☆Raimond Carver, Renat

1939 Robert James Waller

1940

1941 Paul Theroux. Anne Tyler

1932 ○五木寛之、後藤明生, 院 黒井千次, 小林信彦, 院 江藤淳 高橋たか子, 前田愛, 80

○石原慎太郎, ○宮原昭夫, 院 ○高井有一, ○平岩弓枝, 岩田宏, 今江祥智、三神真彦

高良留美子, 山崎朋子, 木村治美, 小田実, 真継伸彦, 黒須紀一郎

早乙女勝元, 桶谷秀昭,

1933 種村季弘, 青木はるみ, ○渡辺淳一, 森村誠一, ○藤本義一, 荒巻義雄 78

○半村良, 岩川隆 ○阿部牧郎 ○生島治郎, 赤江瀑, 式貴士, ○柏原兵三, 藤島泰輔

本田靖春, 宮本正樹、中野美代子 蔵坂喜夫 石原藤夫、松本徹

篠弘

1934 山崎正和, 筒井康隆, 阿部昭, ○池田満寿夫, ○長部日出雄, 眉村卓 ○吉田知子, 江国滋

岩橋邦枝, 森万紀子, ○宇能鴻一郎, 山村美紗, 佐江衆一, 秋浜悟史、小泉喜美子,

安藤元雄. 上前淳一郎, 丸元淑生, 山田太一 ○井上ひさし、大島昌宏 68

渡辺毅

1935 ○大江健三郎, 河野典生 倉橋由美子, 院 富岡多恵子, 秦恒平, 院 ○三木卓, ○李恢成, 77

寺山修司、鈴木志郎康, ○柴田翔, ○畑山博, 大藪春彦, 畑正憲, ○阿刀田高,

紀田順一郎, 久世光彦 堺屋太一, 中町信、北川透, 中島太博 小林久三

私のデータベース作成の実例

さて、次に私が作っているデータベースは、各国別、生年順文学者一覧である。これは大学生のころ作ったもので、増補修正を重ねて今日に至っている。前ページのように書いてあるのである。

国は、順に、英国、アメリカ、フランス、ドイツ、イタリア、イスパニア・ポルトガル、北欧、東欧、ベルギー・オランダ、ギリシア、南米、中洋（アラビアなど）、東洋、日本である。いろいろなものを見て作ってあるが、没年までは書いていない。**二十世紀以後の人は、八十歳以下なら物故者に印をつけ、それ以上なら存命者を鉛筆で囲っている。**外国の文学者など、いつ死んだか分からなくなることもあり、インターネット時代になってから、だいぶその辺もはっきりした。

だが、厄介だったのは、どこまでを「文学者」に含めるかということで、小説家、詩人、劇作家、日本なら歌人、俳人はいいとして、文藝評論家が入る。すると、文学研究者はどうか、また翻訳家はどうか。いずれにせよ、あまりにマイナーな人は除いてあるが、桑原武夫くらいの人になると、やはり入れないわけにはいくまい。

すると、いわゆる「思想家」はどうか。特にフランス現代思想の、デリダとかロラン・バルトとか、レヴィ＝ストロースとかはどうするのか。私はこれらについては、書いたり消したりしたが、基本的に、文藝評論家と呼べない人は入れていない。

どうも昨今、「作家」という言葉が濫用されていて、佐藤優などが名のっている。たとえば宗教学者の島田裕巳《ひろみ》が、戯曲も書いたというので劇作家とするのはいいし、ドイツ文学者の池内紀《おさむ》は小説も書いているから作家でもいいのだが、文筆家であれば作家とするのはおかしい。

文献リストをつくると身につく

ほかにも、私専用のリストというのがいろいろある。ところで、文献リストを作るというのは、それだけで勉強になるものである。国会図書館のOPACを使って、私は「歴史小説主人公別一覧」というのを作ったが、読んだのはそのうち僅かでしかない。だが、**こういう書物が世の中にあるということを知っているのは、それだけで意味があるのだ。**英文学者の高山宏は、助手時代に暇だったので、英文科にある書籍のカード作りに熱中していたというが、これもそうで、別にいちいち読んで作っているのではないのである。英語の研究書にはキーワードというのがついていることもあるし、目次を見れば何について書いてあるかが分かる。ないしは、CiNii（サイニイ。知らない人は、あとで説明する）を使って、論文リストを作ってもいい。これはコピペと、ちょっとした作業でできる。

近ごろ大学教員は、学生にレポートを課すと、ネット上でコピペすると嘆く人が多いのだが、中には、それを逆手にとって工夫した課題を出す人もいる。私なら、文献リストを作るという課題を出すだろう。

国会図書館ＯＰＡＣは、二〇〇一年ころには、まだ戦後の書物しか載せていなかった。それから二年ほどで、明治以後の全書物が載るようになり、さらに近代デジタルライブラリーが出来て、家にいながらにして古いものの真物を見られるようになった。こうした、文献のデジタル化は、いずれ人文学の世界を、速やかに変えていくだろう。明治以後の新聞・雑誌の本文を、しかるべき手法ですべて見られるようになった時、通説は大きく書き換えられるということもありうる。

だが、二〇一二年はじめに、ＯＰＡＣのシステム入れ替えがおこなわれ、使いづらくなった。どうやら、経費節減のためらしく、将来的には暗いできごとだった。

国会図書館は、略してＮＤＬ（ナショナル・ダイエット・ライブラリー）で、ダイエットとは国会のことだ。実は私としては改善してほしい点はいくつもある。著者標目が特にそうである。著者標目は青で表示され、そこをクリックすれば、その著者の全著書が見られる。以前は、一度に表示できるのは二百件までだったから、それを超える著作がある人の場合、一度で見ることができず、年次を区切って二度に分けて見なければならなかったが、今は千件まで増えたから、これでカヴァーできない著作家はおそらくない。

だが、著者標目がついていないものがある。まず教科書・受験参考書だが、これはつけてほしい。あとなぜだか知らないが、白水社の「新しい世界の文学」シリーズについていない。さらに、中央公論社の「日本の文学」は、谷崎潤一郎等編となっていて、谷崎の著者標目がついている。このシリーズは、谷崎が没する二年ほど前に刊行が始まったもので、編集委員として谷崎、川端、三島、高見順、大岡昇平、ドナルド・キーンが並んだもので、谷崎は単に長老だったため筆頭にいるだけである。しかるに、「日本の文学　野間宏」であっても、著者標目は野間ではなく、谷崎になっている。これは、野間の著作一覧を作るにも不便だし、谷崎のを作るにも不便で、実質上谷崎の著作でも何でもないものが、八十冊近く、谷崎の著者標目がついているのである。

あるいは国書刊行会の「世界幻想文学大系」は、荒俣宏・紀田順一郎責任編集となっており、すべてに、荒俣と紀田の著者標目がついているが、これも同様である。しかも、原著者、たとえばセルバンテスの著者標目はついているが、翻訳者の標目がない。したがって、翻訳者の刊行物一覧を作る時に不便で、漏れることになる。

だから、こういう場合、著者標目に頼らずにいきなり検索してしまえばいいのだが、「前川道介」といった名前ならいいが、東大仏文科教授だったフランス文学者の「小林正」でそれをやると、小林正純とかそういう人がずらっと出てきてしまう。以前のシステムだと、スラッシュを使って、「／小林正／」とやれば、同姓同名の人はいいとして、「正純」などは排除できるのだが、二〇一二年の変更以後、これができなくなってしまった。

私はNDLに何度も、元のシステムに戻してくれと言ったのだが、できないらしい。それで代わりに、「検索語一覧」を使うよう勧められたのだが、これだと、著者標目のないものは出てこないから、不便に変わりはないのである。

あとは、点字図書が普通に出てくるのだが、これは別にしてもらいたい。さらに、中国の本というのが「和書」に入っているのだがこれも面倒だ。

なお国会図書館といえど、全ての本があるわけではない。現に岸本葉子さんの最初の本『クリスタルはきらいよ』はない。これは古書店で買った。国会にない時は、昔ならウェブキャットだが、これはなくなったので、サイニイで、全国の大学図書館を検索する。文学関係なら、日本近代文学館か、神奈川近代文学館で探す。それでもなかったら、もう古書で買うしかないのだが、これはあとで述べる。

複写コピーと著作権について一言

私に限らないが、文系の研究者は、たいてい著作権をめぐって国会図書館で喧嘩していると思う。著作権は没後五十年なので、いかに絶版・入手困難な本でも、一度には半分しか複写させてくれない。だから二度行けばいいのだが、時には「前半を複写しましたか」と訊かれることがある。だがそういう時は、「法でその質問に答えなければならないと定められていますか」と訊けばいい。国会図書館の職員は国家公務員だから、法に定められていない質問の回答を、一国民に強要することはできないからだ。実際には、入手困難な本は、複写可と著作権法で定めてくれればいいのだが、国会議員はどうも理解がない。

のみならず、単行本に収められた、わずか四ページの短編・論文でも、半分しか複写できないと言うのだ。私は呆れて問答したことがあるが、雑誌に載ったものなら、四十ページあってもいいのである。だが、私が複写しようとしたのは、非売品だった。非売品のうちから四ページを複写しても、いかなる意味でも著作物保護の上で著作権者に損害は与えないのである。

当時の国会図書館長は、情報工学者の長尾真だった。一体に、理系の学者というのは、こういう古い文献問題に冷淡である。理系では、最新の論文だけ見ていればいいので、かつそれらの論文はほぼデジタル化されている。何しろノーベル賞というのが基本的に理系なので、国も人文系には力を入れていないのである。そのくせ、大学の専任教員になると、人文系でも莫大な科学研究費を支給されることがあって、私が阪大にいた頃、一千万もらって、使い途がなくて困っていた人がいた。なお、科研費で買った本は、退職する時には、大学に返さなければならない。それで私は、阪大時代に買った泉鏡花《いずみきょうか》全集も近松秋江全集も、置いてきた。

国立情報研究所が運営するデータベース検索「サイニイ」

サイニイは、論文検索システムである。国会図書館と連動しているのだが、論文といっても、彼らのいう論文は、彼らが選んだ雑誌に載った記事のことで、現状では、メジャーな月刊誌、学術誌、大学紀要が主で、週刊誌はあまりない。あと月刊誌掲載でも、小説は、二〇〇〇年以降のものしかなく、システムの関係で一九五二年から五八年までなぜか入っている。

サイニイでは、そのまま直接、PDFで本文が見られることがある。だいたい学術論文が多い。オレンジ色のラインが論文題目の下についていたら、それをクリックすればいいのである。だが、**直接には本文が出てこず、お茶の水女子大や一橋大のデータベース・レポジトリにつながることがある。この画面から先へ行くやり方が分からずに断念してしまう人がいるが、「view!」とか「show body」「download」とあるところをクリックすればいい。**

サイニイの欠点は、国会と同じく、人名を絞れないことで、「林徹」などでは、小林徹がたくさん出てきてしまう。サイニイ側では、機械的に、同じ人物と見なされる人をまとめてはいるのだが、機械的だから使いづらいし、同名異人をきっちり区別したり、逆にその人のものを網羅したりできているかどうか疑わしい。特に医学論文はやたら多いので、調べようとする人と名前の似た医学者がいると大変なことになる。さらに医学論文は、病気の名前などが入っているので、精神衛生によくない。今後の改善に期待したいところだ。

さて、これから万事どんどん電子化が進むのだろうが、電子書籍についてはいろいろ言われている。ただ、キンドルで新刊書籍が読めるとかいうことは、学ぶという点ではさして意味はない。むしろ、絶版本などの入手困難本が、どれほど電子で復活するかのほうが重要で、これは未だに、どうなるか分からない。

新聞記事の整理法、書評の読み方

私には、スクラップブックがある。張り込むほうは二冊、**死亡記事と、世界各国の首脳の交代のニュースを、以前は新聞から切り抜いて貼っていた。**大阪に勤めていた頃、夏休みなどで埼玉の実家に帰って、大阪へ戻ってくると、多量に新聞が届いていて、お茶を淹れて、夜中にそれらを切り取ってスクラップするのが、なぜか至福の時間だったのだが、あとになって、私は父親が嫌いだったので、大阪へ帰って解放感があったのだということに気づいた。

あと**新聞で面白い記事があると、これはクリアファイルに入れる。**だが新聞をとらなくなってからは、こちらはあまりなくなってしまった。それらはもっぱら、**パソコンでコピペした文書を保存することで代用**している。あと、雑誌などで私の本の書評があったりすると、これはクリアファイルに入れておく。題名が「自分」になっている。

ところで呉智英は『読書家の新技術』で、新聞の書評の読み方を伝授している。褒めてあっても、それが本気かそうでないかを見分ける術である。だが、新聞書評は、世紀の変わり目あたりからかなり堕落して、今ではあまり参考にならない。新聞によっても違うが、書評委員制度をとっている読売と朝日、委員とはうたっていないが事実上顔ぶれが決まっている毎日とあるが、とりあえず双方、書評委員と呼んでおくと、まずこの書評委員が、新聞側の方針に逆らわないような人を選ぶようになっている。さらに、基本的に褒め書評だが、だいたいは新聞側で褒めたい人や、書評委員のグループの人たちの本が多くなる。毎日新聞は特に、長いこと丸《まる》谷《や》才一《さいいち》グループの人たちが支配してきて、丸谷は死んだけれど、そうすぐに解体することはないだろう。

私のような文筆家には、著者謹呈といって著者から新刊が贈られてくることと、編集者から「どこかで書評してほしい」という含みで送られてくる本とがある。前者は「謹呈　著者（あるいは編者）」後者は「乞御高評」というスリップが、表紙の次にはさまれている。そして後者には、時おり、Ａ４判の紙に、その本の宣伝文句がプリントされたものがはさまっている。これは、この文章を書評に使ってかまわない、という意味である。まあさすがに、本当にそれを使う人はあまりいないが、大新聞の書評委員で、ひとり、大物批評家が、これを使っているかなと思える書評をすることがある。地方紙になると、すごい例もあって、これは九八年くらいだが、その地方紙の記者が書いた本の書評を頼まれて、私も若かったから書いたが、あちらで難色を示したから、じゃあ勝手に書き直してくださいと言ったことがある。つまりこのお方、自分の本の書評を自分で書いて、自分の新聞に載せてしまったのである。

講義のノートをとらなくていい理由

あと大学生向けに「ノートのとり方」というようなことを教える人がいる。よく大学生が、試験の前に「友達からノートを借りて」といったことを言うが、私にはこの「ノート」がよく分からない。借りたこともなければ、とったこともない。いや、授業中に一応ノートは広げていたのだが、まともにとれたことがない。

なぜかというと、**大学の教師がしゃべることは、本に書いてある**からである。教養学部時代にとった授業と言えば、科学史の村上陽一郎、社会学の折原浩などがいたが、これは著書があって、そこに書いてあることをしゃべっている。ギリシア哲学の井上忠は、著書を読んでも何が書いてあるのか分からない（今でも分からない）が、しゃべっていることも、何を言っているのか分からなかったから、ノートがとれるはずもない。国文学の延広眞治《のぶひろしんじ》先生だけは、『柳多留《やなぎだる》』の講義だから、これだけはいくらかメモはとった。村上陽一郎は、いくらかノートはとったのだが、あとで見たら、著書に書いてあることだった。

英文科へ行くと、渡辺利雄のアメリカ文学史で、これは大橋健三郎ら編『総説アメリカ文学史』（研究社）を読めば、あまりうまいとはいえない講義より分かる。ほか英文科は原典講読があったが、これはもうノートというのとは違うし、翻訳があったりする。

大学でノートをとるというのは、明治期、まだろくに入門書とか概説書がない時代の遺物である。だから、現代において、本気で「ノートをとる」などと言っている大学生は、バカか、教科書や概説書が買えないか、ないしは教授が、まだどこにも発表されていない新説を講義しているか、のどれかである。一流大学で新説を講義していたらいいが、三流以下の大学でそんなことをしても、豚に真珠である。

レファレンス類は何を手元に置くか

私は比較的、基礎文献やレファレンスを自宅に揃えるのが遅れたのだが、私の部屋にある辞典、レファレンス類は、『日本国語大辞典』がまずあって、これは全十三巻で場所をとっており、なるべく早くデジタル化してほしい。電子辞書で、『日本国語大辞典』が入っていると謳っているものがあるが、これは「精選版」全三巻で、全部ではない。なお、この「ニッコク」を入手した経緯は、「ロクシィの魔」（『東海道五十一駅』に収録、アルファベータ）という小説に書いておいた。

国語辞典、英和辞典などは、今ではネットで検索してしまえばだいたい足りる。が、**初学者**

は紙のものを持っていたほうがいいので、紹介すると、『岩波国語辞典』、英和は、『プログレッシブ英和中辞典』や『リーダーズ英和辞典』がいいだろう。『新明解国語辞典』は、遊ぶための辞典であって、まじめに学ぶためのものではない。あと専門がら、本当は『オックスフォード英語辞典』を持っているか、ウェブで登録しておくべきなのだろうが、英米文学専門というわけではないので、ない。

何しろウィキペディアというものがあるから、たいていの人名事典などは不要になりつつあるのだが、「コトバンク」も恐るべきものがある。だからそれ以外は、だいたい日本近代文学関係のものになるが、**毎年出ている日本文藝家協会の[a]『文藝年鑑』（新潮社）は、文学に関心のある人は一冊くらい持っておくべき**だろう。三千円くらいと値段が張るが、古本で二年くらい前のものを買うといいだろう。ほかに『英語年鑑』（研究社）も、十数年前のを持っていて、これは英文学者の名簿があるのと、全国の大学一覧の代わりにもなるので、時おり見る。

現代文化人の名簿としては、文藝春秋の『文藝手帖』が有名で、昔これを買っていた時期もあったが、これより、潮《うしお》出版社の『文化手帖』（資料つき）についている文化人名簿のほうが数が多いので、私は毎年買っている。ただこれは、載っている人と載っていない人の基準がよく分からない。創価学会に批判的な人はやはり載っていない気がするが、『潮』『第三文明』などの寄稿者が中心なのだろうか。以前これを発見して、無断で文化人の住所を載せているのだ

使えるレファレンス類

ⓐ『文藝年鑑』日本文藝家協会／新潮社

ⓑ『国史大系　公卿補任　第1篇（新訂増補）』吉川弘文館

ⓒ『歴史手帳』吉川弘文館

ⓓ『文芸雑誌小説初出総覧』勝又浩監修／日外アソシエーツ

ⓔ『新聞小説史年表』高木健夫編／国書刊行会

ⓕ『歌舞伎座百年史・資料編』永山武臣監修／松竹

ⓖ『東京大学百年史』東京大学百年史編集委員会編／東京大学

東京大学史史料室　http://www.u-tokyo.ac.jp/history/03_03_j.html

と思って騒いでいた人がいたが、そんなことはないだろう。ただ、私は載っていないので、詳しくは知らない。以前は大きな書店で毎年十一月ころになると売っていた。『文化手帖』はほかにもあるが、今では「資料つき」だけは直接注文しないと手に入らないようだ。頼むと着払いですぐ送ってくれる。

個人情報保護法とかで、あちこち過敏になっているが、もし読んだ本の著者などに手紙などを出したいが、これらを見ても住所が分からないという時は、直近の本を出した出版社気付で送ればいい。大学の先生であれば、むろん大学宛でいい。今はなくなってしまったが、二〇〇〇年ころまでの人物について分からない時は、『人事興信録』を見るといい。ほかに『現代日本人名録』（日外アソシエーツ）などというのも図書館にあるが、これは存命の人だけである。また、年譜を探すのに、『年譜年表総索引』（日外アソシエーツ）というのを私は古書で買ったが、今のところさほど威力は発揮していない。この本は、年譜年表の類がどこに載っているかの索引で、人物だけじゃなくて、「鶴舞図書館」とかそんな項目まで立っている。これを眺めていると、「ホーケー」なる項目を見つけた。『ホーケー文明のあけぼの』（渡辺和博、朝日出版社「週刊本」）に「ホーケー年表」がついているというのだが、それは……包茎、であった……。

あとは、**歴史関係の資料では、三位までの公卿《くぎょう》を一年ごとに記載した[b]『公卿補任《ぶにん》』**、抜けが多いが『国司《こくし》補任』、徳川幕府の役職を記した『柳営《りゅうえい》補任』などがある。もっとも**初学者は、吉川弘文館の『歴史手帳』**(c)**に記してある老中一覧だけでいい**だろう。

またこれは私の専門につき過ぎるが、勝又浩監修の『文芸雑誌小説初出総覧』(d)(日外アソシエーツ)というのがあって、これは文藝雑誌から中間小説誌まで、作家別に載っているので、重宝している。ただこれも、サイニイが小説を入れるようになったら、用済みになってしまうかもしれない。

また**新聞小説については、高木健夫編『新聞小説史年表』**(e)**が詳しい。**先般発見された、「福岡日日新聞」掲載の川端康成の連載「美しい!」は、これに漏れていたものである。ほか、『歌舞伎座百年史・資料編』(f)とか、『東京大学百年史』(g)とか、そういうものを私はよく見る。学者の履歴に不明なところがあると、『全国大学職員録』『全国短大・高専職員録』を図書館で見るのだが、これも今ではなくなっており、事実調べが難しい時代になっている。演劇については、今のところきちんとした上演年表がなく、ネットでも分からないので、『帝劇の五十年』とか『松竹八十年史』とかで補完しつつあるところだ。

学者と学説の時代をおさえる重要性

ところで、私の最近の本を読んで、説を出している学者の生年や、所属大学名が書かれているのを見て奇異に思った人も多いだろうが、これは考えがあってのことである。一般に、専門家でない普通の読書人は、本に出てくる学者の名前を読み飛ばすものである。世間的に有名な学者であればそうではないが、知らない人は、「今尾哲也の『……』」などと注に書いてあっても、「今尾哲也」が誰であるか、まったく気にしない。だが**私は、その説をどういう年齢の人が何年に言ったのかということを常に気にしている**ということで、要するに学説史でもあれば、学者史に留意しつつ調べているのである。

ありていに言えば、私自身が気になるということなのだが、研究の背後には、その研究者の出身大学や指導教員、学派や学閥というものがあるということである。これは学者の世界では普通にうわさ話的に、「まああの人は廣末保の弟子だけど、師匠とは合わなくて……」みたいなことを言っているのだが、一般の人は知らずにいる。また、**この作業をすると、だいたい一九八〇年ころに広まった説が、実際はもっと古くからあったということが分かったりする**のである。

そういう学説史をおさえないとどういうことになるかのいい見本が、古代日本の女帝論で、上野千鶴子は「朝日新聞」で、古代日本の女帝は「中継ぎ」だったという説を批判して、これは明治の御用学者が、男の支配を正当化するためにこしらえたものだ、などと書いたのだが、日本史学者には自明のことながら、この説は、戦後の、むしろ左翼的な日本史学者の井上光貞《みつさだ》が唱えたものだったのである。もっとも井上は、明治の元勲・井上馨《かおる》の孫だから、上野が屁理屈をこねたらまた面白かったのだが、さすがにそこまで恥知らずではなかった。

蔵書自慢より、図書館を使え

さて、現在の私は、毎日のように図書館に行く。地元の公共図書館である。毎日行くから図書館員とも顔なじみになっている。高校時代に図書室を使わなかった私だが、大学ではもちろんある程度は使い、大学院時代はさらに使った。その当時は閲覧カードがついていて、そこに、それまで借りた人の名前が書いてあって、大学院だと、教師や先輩の名があって面白かったのだが、個人情報保護でそれもなくなってしまった。味けないことである。

留学中も図書館はもちろん活用したが、帰国後勤めたのが阪大で、だから図書館的には、困るということはあまりなかったのだが、大学教員でも、小さな新しい大学などに勤めると、自分の大学だけでは用が足りないことが多いはずである。ほか、国会図書館も昔はよく行ったが、あそこは一日がかりなので、今では郵送複写にもっぱら頼っている。金額的には高めだろうが、だんだん調べることが増えてきたししょうがない。

そこで、地元の図書館である。**図書館の本というのは、確認のためのもので、見て、これは買ったほうがいいと思ったら買う、または、ある一か所だけを確認する。**

図書館派か蔵書派か、ということが渡部昇一の本に書いてあって、持っていると、図書館へ見に行くよりずっと早いとあったのだが、いかんせん私の場合、住居がマンションで、そんなにたくさん本が置けない。一般的には、齢をとると一戸建てに住めて、書庫を設けられる、というのが、渡部が本を書いた当時の認識だったのだが、いま東京に住んでいるとそうもいかない。大阪にいた頃は研究室があり、もう読まないだろうという本などは、段ボールにつめて実家に送っていた。そのうち、実家の本もキャパシティを超えはじめ、台所に大きな本棚を作りつけてもらったのだが、それもほどなくいっぱいになった。本を売るようになったのは大阪時代で、袋に入れて、近所の太田書店という古書店へ売りに行っていたが、そこの奥さんが独特の美人で、ご主人が少しうらやましかった……。

九九年に東京へ帰ってくると、研究室がなくなるから、実家にあって要らない本は、玄関にまとめておくと、母がブックオフへ売りに行ってくれた。大阪時代もそれ以後も、実家にある本で何か確認したい時は、電話して母にちょっと見てもらっていた。だから、母が死んでからは大変である。実家へ本を送るにも、段ボール二箱を送って、翌日自分で受け取りに行かなければならない。

そうなると、実家へ本を送って、さてそれから、売るかどうか、などと悠長なことは言っておれず、電光石火で売るようになる。もはやいわゆる「断捨離《だんしゃり》」である。父も死んでから、実家の本で、別に珍しくもない本は、あらかた売ってしまった。サイードの『オリエンタリズム』とか、ニューアカ関係のものはほとんど売った。あと、人から贈られた本というのはなかなか売れないものだが、それも売った。だから、そういう本の滞在時間は、だいたい一週間で、以後はブックオフにある。ここは冷血漢にならなければやっていけないので、つまり私は豪邸に住んでいるわけではないということである。

本だけでなく、資料、つまりコピーしたものもあるが、これも割合見極めをつけて、捨てる。『日本現代演劇史』という、明治以後の演劇史を書いている大笹吉雄さんに、以前質問をした時に、使った資料は捨ててしまうので分からないと言っていたが、それもやむをえないのである。先ごろ死去した山口昌男も、本の置き場に困って、本を入れる部屋が新たに見つかったという夢を見た、と言っていたが、そうであろう。一戸建てに住んでいたってそうなのである。

もっとも、知らない人から送られてくる本の中には、どう考えたって私がこれに興味を持つはずがないだろうというのがあって、多分その人は私の本をあまり読んでいないか、藁にもすがる思いか、どっちかなのだろう。

公共図書館というのは、ベストセラー本を何十冊も買うので、無料貸本屋ではない、と問題になったこともある。実際、学術書などなかなか買ってはくれない。以前、学術書がなかったらリクエストしたら、図書館が充実する、などと言っていた人がいたが、そうはいかない、都立図書館などから借りてくれることが多い。

大学図書館や国会図書館は、本のカヴァーや箱を捨ててしまうことが多いのだが、これは文化資源学的には間違いで、カヴァー、帯、箱は一種のパラテクストなのである。特に、ごまブックスみたいなペーパーバックでは、カヴァーに著者紹介や著者近影が載っていることが多く、これはむしろ公共図書館のほうが、切り取って貼り付けておいたり、そのままラミネートを掛けておいてくれたりする。私は著者がどういう人か気になるのだが、戦前の本では、著者紹介が全然ないことも多い。新潮文庫も、以前はまるでないことがあったのだが、今はカヴァー折り返しについている。むしろ最近気になるのは、学者で、履歴が「××大学大学院博士課程中退」から始まる人が多く、普通は同じ大学を出たと考えるところだが、最近では「学歴ロンダリング」が多いので油断がならない。先日も、新聞記者から大学教授をした人で、どの著書を見ても出身大学が書いてなく、遂に『全国大学職員録』を見たら、明治大学卒だったことがあった。そんなに恥ずかしいことなのだろうか。

さて、そんな公共図書館通いの日々で、いろいろ逸話がある。「図書館雑話集」として、ここに披露しておこう。

(一)種から芽が出る話

雑誌の附録というのは、図書館でもなかなかない、と北村薫さんが書いていた。そういえばと思ったのは、学研の「科学」と「学習」の附録で、「科学」の附録には、実験用の粉とか生ものがけっこうついていたので、国会図書館に電話して、どうなっているのか訊いてみた。すると、ある時期までとっておいたのだが、附録に含まれていた種から芽が出るという事件があって、捨ててしまったという。

(二)白川静《しらかわしずか》を知らない図書館員

白川静の『字通《じつう》』が近所のE図書館になかったので、他館からの取り寄せを頼むため電話して「白川静の字通」と言ったら「その白川なにがしの」と言われた。『字通』も説明しないと分からなかった。白川なにがし……。文化勲章を受章し、ようやく嫉妬ややっかみの声も聞こえてくる白川静も、学力低下図書館員にかかっては形無しである。

(三)にぎやかな図書館(二〇一〇年)

日曜の図書館というのは子供が勉強をしに来る。図書館の机というのは図書館の本を見る場所である。家に場所がないのではなくて、友達と一緒にやりたがるのだろう。

今日は手前の六人用の机に、右側四人分、勉強道具が放置されて当人どもはどっかへトンズラ。いちばん左向こうに女子が座す。私はその向かいに座ったが、あっちの机で女子二名がおしゃべりを始めた。受忍できる範囲かどうか、やむかどうか少し様子を見たがやまないので、

「話をするな！」

と怒鳴りつけると、目の前の女子がびくん、となった。二人は黙った。

するとと今度はあちらの方で、気弱そうなお父さんが幼児を連れて来ていて、この幼児が歌を歌う。これも受忍できるかどうか見ていたが、わざわざ立って行って注意すると、三人の女子から「変なおじさん」認定を受けること請け合いだと思い、父と幼児がこちらへ歩いてきた際、父に「歌わせないでください」と言った。

その間私は資料を確認しつつコピーをとったりしているわけだが、今度は右手奥で大人の男二人が話を始めたので、「話をしないでください」と決めつける。

私が作りだした緊迫した雰囲気の中、私は資料の整理を終えて帰ってきたが、きっとこの女子どもはあとで「図書館に変なおじさんがいてね」と話の種にするのであろう。

ほかにも二〇一〇年には、妙に図書館でトラブルが続いたのだが、その後あまりそういうことがなくなった。二階に勉強室を設けたからだろうか。

古書収集はただの趣味

ところで昨年死去した丸谷才一の『男ごころ』（新潮文庫）を図書館で借りてきてぱらぱら見ていたら、こんな文章があって驚いた。

わたしたち文筆業者は、普通、図書館に足を運ばない。もちろん例外はあるだらうが、たいていの人は編集者に頼んでゼロックスを取つてもらひ、それを読むのである。これは編集者の好意に甘えてゐるわけだが、資料探しを名目にして怠けようといふ魂胆をあつさりと見抜かれ、未然に防止されてゐる気配もかなりある。

これは、偉い文筆業者に限られるので、そっちが例外である。後半ははじめ意味が分からなかったのだが、どうやら売れっ子作家の話らしい。売れない文筆業者は、怠けるということはない。また怠けても編集者は困らず、文筆家が困るだけである。しめきりに追われる、というのはもう立派な売れっ子の証拠であって、売れない文筆家は書いて持ち込むからしめきりなどない。

ところで私は、初版本《しょはん》を集めるといった古書趣味はない。初版に書誌的な意味があれば、図書館などで見るか、他人の研究にまてばいい。**単なる初版本や自筆原稿の収集は趣味であって**

学問ではない。こう書いたからといって、そういうものの蒐集《しゅうしゅう》家をばかにしているわけではない。それは趣味として別だん悪いことではないが、その趣味を学問的に意味のあるものと勘違いする人がいないように書いているのである。

同じように、有名な文学者の生原稿といったものが、古書店で高値で売られていたりする。以前、村上春樹の生原稿が、編集者の安原顕《やすはらあきら》（故人）から古書店へ流れたとして問題になったことがあるが、かつては生原稿は編集者がとるという慣例があったし、村上春樹の生原稿だから古書的価値が生じるのであって、大したことのない作家のものは価値が出ないから、安原の行為は一概には責められない。

また学問的には、生原稿というのは基本的には価値ゼロであり、蒐集家的に意味があるだけである。もしその内容に重要な変更があったとしたら学問的意味はあるが、たとえば川端康成の『眠れる美女』の原稿の複製などを売っているが、これも学問的価値はゼロである。ただし、未発表の草稿が見つかった際に、本物かどうか鑑定するために他の原稿と比較するといった意味はある。

エッセイストの岸本葉子の自筆原稿が五万円くらいで古書店に出ているのだが、買い手はつかないようで、なるほど美人で東大卒のエッセイストとして人気はあっても、まだ生原稿に価値がつくほどではない、ということか。村上春樹のサイン本なら高値がつくだろうが、石原慎太郎でさえ、刊行時に署名して（この時相手の名前があれば「ため書き」と言う）送った本は、普通の値段で流通している。

第三章 ネット時代だからこその検索法

品切れ本、入手困難な本の探し方

森喜朗が総理になって「IT革命」と言ったが、もはや世はIT時代である。いま二十五歳くらいの人には所与の状況だろうが、私などはむしろ、インターネット以前はどうやって調べものをしていたんだろうと思うほどだ。確かに、読んだ本に出ていた本を図書館でカードを繰って探したりしたものである。

学者について言うと、たいていの人はIT対応になっているが、老人で対応できていないのはともかく、五十代くらいで、原稿は手書きとか、中にはパソコンというのがどういう形をしているのか知らないといった化石的人物もいる。手書きは編集者泣かせだし、これは若手学者がやったら怒られるだろう。

古書でも、昔は**品切れの本を、古書店を回ってあれこれ探したものだが、今はウェブのアマ**

ゾンの古書や、「日本の古本屋」ですぐ見つけられるので、だいたいは入手してしまった。古書店で本を探す楽しみを奪われたようである。なお私にはコレクター趣味はない。初版本だの、著者の署名入り本などを五百万とか出して買うことはない。そんな金があったら、貯金して成城あたりに家を建てる。

だが、そういう時代になって、かえって、この本は絶版だとか品切れだとか言う人々をネット上で目にするようになったのだから、おかしなものだ。古い本で入手困難というなら分かるが、ネットで普通に手に入るものについて言うのである。なお、**アマゾンの古書は、異常な高値がついていることがあり、「日本の古本屋」で確認すると普通に安いのがあったりする**ので、注意されたい。

「ウィキペディア」で時どき出くわすのが、作家の項目で、「現在入手可能な本」というのを挙げているので、ウィキペディアは百科事典であって、購入ガイドではないということを理解していないようである。あと、ＩＳＢＮ（アイエスビーエヌ）を執拗《しつよう》につけたがる人がいるのだが、少なくとも日本では、タイトルと編著者名が揃えば特定できるので、ＩＳＢＮが実際に必要な場面はほとんどないのである。単なる趣味としか思えない。

ついでに言うと、ウィキペディアには、たとえば作家・文筆家の項目で、著書を並べておくのを、購入ガイドと勘違いしている人が多く、多くは絶版であるとか、現在はなになに文庫で読めるとか書いてあるのだが、あれは百科事典だし、本というのは、一部のロングセラーや、古典になったものを除けば、一定期間がたてば品切れか絶版になるほうが圧倒的に多いのだから、そんなことまで書かなくていいのである。

参考にした書誌をまとめる基本ルール

一般的な書誌の書き方は、

川畑和成「衣笠資料によるシナリオ『狂つた一頁』の成立過程」『横光利一研究』二〇〇九年三月

川俣従道《かわまたよりみち》『川端康成と信州』あすか書房、一九九六

高見順『昭和文学盛衰史』（一九五八）講談社、一九六五

高山文彦『火花　北条民雄の生涯』飛鳥新社、一九九九　のち角川文庫

といった形でいい。高見のは、一九五八年に文藝春秋新社から出たのだが、その後の講談社版のほうが普及していて、私はそれを見たので、こう書いてある。高山のは、私はこれで済ますが、気になる人は文庫の刊行年を書いておいてもいい。

高山文彦『火花　北条民雄の生涯』角川文庫、二〇〇三

でもいいのだが、学者としては最初のものを書いておくべきだろう。もっともこれが嵩じて、雑誌連載を初出とすると、割と面倒なことになる。ただ、連載から単行本になるまで時間がかかったものの場合は、

水上勉『筑波根物語』河出書房新社、二〇〇六（『中央公論』一九六五、連載）

とでもしておくといいだろう。これは、明治－昭和期に茨城県にいた詩人・横瀬夜雨《よこせやう》の伝記なのだが、プライヴァシーの関係などで、単行本化が水上の死後までなかったのであろう。これには私はえらい目に遭って、伊藤整《せい》の『日本文壇史』という大著があり、これは章ごとに参考文献があがっているのだが、ただ著者名と文献名があるだけで、それ以外の情報がない。『筑波根《つくばね》物語』もあがっていたのだが、刊行前だったからいくら探してもそういう本はなく、遂に水上の年譜を見て発見した次第で、『日本文壇史』が講談社文芸文庫から出た時に、編集部でしかるべく補綴すべきだったと思う。

あとこれはいま困っている例だが、クロフツの『樽』という探偵小説があって、面白く読んだのだが、解説に、作中にミスがあることが指摘されている、とあった。だが、それがどこだか分からない。その後、江戸川乱歩と小林秀雄の対談を読んだら、まえがきで乱歩が、『樽』のミスについて古沢仁が書いている、としている。対談の中でもその話が出て、小林は、それには書いていないミスもあると言っている（『江戸川乱歩全集　第二十二巻　わが夢と真実』講談社）。だが、この古沢仁というのが誰で、どこにその論文があるのか、分からなかった。こういうのは、書いておいてほしい。その後、立教大学大衆文学研究所の人が調べてくれて、「雄鶏通信」の一九四七年十二月号の、編集後記のところに小さく載っているのが分かった。

最近は学術論文でも、著作の刊行月、はては日まで書く人がいるが、海外の著作は、刊行の月日は書いていないので、年だけでいい。逆に海外の著作の書誌は、

Epstein, Julia, *The Iron Pen: Frances Burney and the Politics of Women's Writing* (Bristol: Bristol Classical Press, 1989).

のように、出版地を書くことになっていて、日本でもこれに準じて「東京：弘文堂」などとする人がいるが、日本の文献では出版地はいらない。多くは東京に集まっているし、出版社名

だけでほとんど間違いはないからである。

ネットでより安く本を手に入れるコツ

さて、ネットで本を買うようになってから気づいたのだが、**古書では、文庫より単行本のほうが安いことがある**ということだ。つまり文庫のほうが場所をとらないので需要が多いのだろう。それで最近では、文庫がある本を単行本で買うことが多くなった。

また、著作権が切れたものは、「青空文庫」にデジタル化されているが、これは運営者の趣味に偏りがあり、ないものはない。これと、国会図書館の近代デジタルライブラリーをあわせると、おおよそは揃うが、長生きした作家の、大正から昭和初期のものはこれでは読めない。

さらに最近気づいたのは、たとえば私が、ゲーテの『若きウェルテルの悩み』を持っておらず、古書で買おうとすると、普通はまず文庫で買うだろう。ところが、「世界文学全集」などのゲーテの巻を古書で買えば、『ファウスト』なども入っていてお得だということである。ただし古書の状態ということもあるので、どれを買うか決定するのは、かなり高度な技になってくる。あるいは、全三冊とか全二冊とかの本の場合、アマゾンの古書でも揃えて売っていることはあるのだが、別々に買うのと、揃っているのを買うのと、送料を加えると微妙な時がある。しかもアマゾンでは、その古書店（ないし古書を売る一般人）の信頼度が出ており、私は九十五パーセント以下は使わないことにしているから、これと「日本の古本屋」とで比較検討していると、結構神経を痛める。さらに、同じものを文庫本と単行本、「日本文学全集」に入っているものなどと比較するとなると、頭痛がしてくる。

国会図書館と大宅壮一文庫を使い倒す

国会図書館ＯＰＡＣでも論文検索はできるが、「サイニイ」は、最近のものについてはテクスト本文にリンクしていることが多いので、便利である。ただしサイニイも国会も、雑誌掲載の小説は、一九五五年から五八年までと、二〇〇〇年以降をのぞいて、登録されていない。五五年から五八年まであるのは、たまたまらしい。

なお私は最近では、国会図書館郵送複写をしょっちゅう利用している。これは別に、ＯＰＡＣで表示されている論文だけを複写してくれるのではなく、自分で指定すればそこを複写して送ってくれる。だから、目次や奥付、『大宅《おおや》壮一《そういち》文庫雑誌記事索引総目録』の、人物索引の特定のところとか、送ってもらっている。

送料はかかるし、中身を見たら全然期待したようなものではなかったということもあるが、もし国会図書館へ自分で行くとなると、ある程度必要なものがたまったところで行くとして、運賃が六百二十円で、しかも駅周辺の自転車取締りが厳しいので、有料駐輪場に置くので二百円、計八百二十円かかる。それと、あまり気分のよくない国会図書館内でうろつく不快さを考えたら、郵送複写が一番いいのである。ましてや、**地方にいて研究する人は、どんどん利用するといい。なお料金支払いは郵便局だが、ゆうちょ銀行に金をプールしておいてそこから支払えば、手数料がただ**である。

今や私にとっては、多くの本は「調べる」ためのものになっている。だから、近所の図書館で借りても、ちらっと見て返すだけということも多い。

オークションで見つかることも

さて、中には、アマゾンでも「日本の古本屋」でも見つからない本が、オークションで見つかることがある。これは落札なので面倒だが、使ってみてもいいだろう。これはビデオでも同じことだが、現在では、DVDが出ていても、VHSのほうが廉いということがあるので、なるべくそちらを入手して、DVDに焼いている。

ただし映画やドラマのDVDは、ツタヤで借りている。もちろん昔は実際に店へ行って借りていたが、今はツタヤ・ディスカスに登録して、送ってきたのを観て返送している。

新聞記事や海外本の探し方

あと、今では私には失われてしまった情報源として、新聞記事横断検索がある。これは、今でもヤフーやヨミダス文書館で使えるが、一九八五年〜八八年からあとしかない。これが東大教員・学生だと、GACOSによって、大正期までさかのぼって、キーワード方式だが検索できるし、サイニイよりはるかに多くの論文検索ができる。妻が東大院生だった時は、頼んでこれで調べてもらえたので、失われたと言うのである。何とかこれを、一般人でも使えるようにしてほしいものだと思っている。

ところで、新聞記事の全文検索をする時に留意すべき点がある。**八五年ころ以後の新聞は、難読の漢字に、かぎかっこで振り仮名を入れるようになっているので、たとえば、「校条（めんじょう）剛」という風になっていると、「校條剛」で検索すると、漏れてしまうのである。**こういう場合は、「校条」だけで検索するなどの技術が必要になる。システムによって、あいまい検索が入っているのとないのとがあり、一字でも間違うと出てこないものは、「條」と「条」の違いなども気にしなければならない。

海外の本についても調べることがあるが、私はハーヴァード大学図書館のOPACをお気に入りに入れて、時おり使っている。

検索システムを活用したデータベース作成法

さて、先に触れた、「歴史小説主人公別一覧」をどう作ったか、を披露しておきたい。これは国会図書館OPACを使った。題名のところに人物名を入れるのだが、小説では、フルネームではなく「信長燃える」みたいに、下の名だけのことも多いので、その辺を勘案し、分類を「913*」にする。913は日本書籍分類法における、日本の小説の番号である。だが、さらに下位区分があるので、「*」を入れる。これはジョーカーという。検索結果から、その人物を主人公にしたと思しいものを選ぶのである。ただし、井伊直弼《なおすけ》を主人公とした舟橋聖一の『花の生涯』など、題名に主人公名が入っていないものも少なくない。おおむね、有名作家ほど、主人公名がない傾向がある。作家の名前で売れるからである。ただ、大佛《おさらぎ》次郎の小説など、単行本では主人公名が入っていないのに、文庫化された時に入ることが割とあるので、それらを照合して決定するのである。

個人作成のおすすめデータベース・ベスト3

個人が作っている数あるデータベースの中で、私が感銘を受けているのは、

・野口義晃の「配役宝典」 http://www.geocities.jp/haiyaku_houten/

・川口則弘の「直木賞のすべて」 http://homepage1.nifty.com/naokiaward/
・古崎康成の「テレビドラマデータベース」 http://www.tvdrama-db.com/

の三つである。これらの作成者はみな、ほかに仕事を持つなどしており、残った時間を研究に費やしている。古崎とは面識があり、野口、川口とはネット上で交流があるが、研究者として感服すべき姿勢を見せている。川口は最近『芥川賞物語』（バジリコ）を上梓するなど、収入になることもしているが、ほかは無償で、ぜひどこかで助成金を出すべき仕事だと思う。大学で研究費をもらってくだらない論文を書いている人は、こういうのを見て慙愧《ざんき》の念を覚えるべきである。

あと、「日本映画データベース」もあるし、国文学研究資料館の「国文学論文目録データベース」「日本古典籍総合目録」や、早大の「早稲田文学総目次データベース」「古典籍総合データベース」や、東大の史料編纂所の「古記録フルテキストデータベース」などがある。

レビューを参考にするなら「読書メーター」

あと、アマゾンにはさまざまにレビューがついているが、ある時期から、匿名の誹謗中傷レビューがだんだん増えてきた。これは海外のアマゾンではあまりないことで、だから良識的な人は、最近は「読書メーター」のほうにレビューを書くようになってきた。アマゾンでレビューを書くと、そういう2ちゃんねらーみたいな匿名レビュアーにコメント欄でからまれたりするからである。だから、今では読書メーターを参照したほうがいい。ただ**アマゾンでも、売れた本、数多くのレビュー、まあ三十以上ついているものは、全体平均で、賛否両論双方を見ることができるが、少ないものはダメ**である。

中には、民事裁判を起こされそうなレビューもあるのだが、これがなんであまりなっていないかというと、アマゾン・ジャパンが、管理・運営しているのはアメリカのアマゾン本部だと主張するからである。アマゾン・ジャパンの経営陣はおおむねシンガポール系の人たちで、つまり責任の所在を海外に逃がす、FC2みたいなプロバイダや2ちゃんねると同じ構造を持っているのだ。ウィキペディアももちろんそうである。これは諸外国には、代表者の住所が記してあるが、日本ではそれがないから、名誉毀損で訴えようとしたら、米国ウィキメディア財団を訴えるという面倒な手続きが必要になる。これが面倒なのは、一度やって勝ったからといって、プロバイダー責任制限法で、書いた人間にしか責任は負わせられず、本体は無傷なので、いくらでも繰り返せるからである。

ウィキペディアとのつきあい方

さて、その悪名高いウィキペディアである。これはアメリカ発のものだが、アマゾンレビューと同じように、諸外国のものに比べて、日本のものはかなり変で、「オタク」の編集者が多く、サブカルチャーについてやたらと詳細な情報が得られて、笑ってしまう。日本ではほとんどの編集者が匿名で、かつ人格的に問題があるか、知識の乏しい者が多い。そういう連中が、他の編集者とゆるやかに連携して、不思議ないちゃもんをつけたり、宣伝めいた編集をしたりしている。たとえば東京外国語大学の教員が全員立項されていたこともあり、とても百科事典に載せる「特筆性」のない人まで項目が立ったりしている。

しかしながら、ウィキペディアの本来の編集方針には、見るべきものがあり、自分の意見を書いてはいけないのである。違反しているのに放置されているのもあるが、「誰それがどこそこでこう言った」ということしか書いてはいけないのだ。

特に人物項目で面白いと思ったのは、「…として尽力した」「…で知られる」「…でも活躍した」といった言い回しで、実際には「…に参加した」「…をした」「…もした」とすべきところである。これは、大言壮語をしてはいけないというウィキペディアの方針にのっとるとそうなるのである。実際には知られていないから「で知られる」と、一般的な紹介文には書かれるのであり、いわば結婚披露宴の「新婦は××短大卒の才媛で」みたいなものだ。あるいは、句集が一冊自費出版であるくらいの政治家を「俳人としても活躍した」はおかしい。

だから、私が大学教師であれば、ウィキペディアを添削の教材として使うところだ。

ところで、ネット上に何かを書き込む時、匿名での批判はしてはいけない。これは倫理でもあるが、批判されたほうに対して不正行為でもあり、かつまた、それを書いたのを他人と間違われるとその人にも迷惑がかかる。もし、匿名でなければ言えないというのならば、それは公表するのをやめるべきである。

第四章
古典をどこまでどう読むか

そもそも学問に古典はあるのか

岩波文庫の青帯、白帯には、社会、文化、政治、経済の「古典」が入っている。つまりは「学問の古典」である。だが、学問に「古典」があるというのはおかしいのではないか。

自然科学には、前に書いたとおり、古典的な論文などというものはない。大学でまず、教科書で基礎を学び、次いで現在の最新の論文を読み、その先へ進むために研究するのである。だから岩波文庫といえど、自然科学のものはあまり入っていない。ファラデーの『ロウソクの科学』のような啓蒙的講演や、ダーウィンの『種の起源』のような記念碑的著作や、古代ギリシアのヒポクラテスなどがあるだけだ。

モンテスキューの『法の精神』は、法学を学ぶ学生にとってどう位置づけられるかというと、「法制史」という学説史の中で扱われるだけである。大学の法学部法学科というのは、狭くは裁判官や弁護士といった実務家を養成するのが目的で、多くは現代日本の法の体系を学ぶ。法哲学というのは、これは哲学の一種とも言える。だから大多数の法学部の学生らが学ぶのは、常に更新される日本の実定法の解釈と運営であり、判例である。

ところで、私は大学の教養課程の法学をやったほかは、法律の勉強をしたことはないのだが、最近になって、国相手とかに裁判を始めて、泥縄式に法律実務の勉強をしたりした。その経験から、法律実務の勉強はしておいても面白いと思うようになった。

詩人で、文壇でも高い地位を占めている中村稔《みのる》（一九二七－　）という人は、弁護士である。この中村が、新聞で、若いころ、我妻栄《わがつまさかえ》の『近代法における債権の優越的地位』（一九五三）を夢中になって読んだ、と書いていた。我妻は、偉い法学者である。私は、ほどなくこの本を手に入れて読み始めたが、まったく歯が立たず、すぐ売ってしまった。

基礎ができていなかったからでもあろうが、だいたい法学部で学んで嫌になってしまうというのは、商法関係の勉強ではないかと思う。実際、弁護士などというのは、ドラマなどで派手に展開される刑事事件など扱っているのではなく、おおかたはカネの取り立てをやっているのである。

「法学」は普遍的な真理を求める学問ではない

ところで、ここまで書いて、長尾龍一・東大名誉教授（一九三八‐　）の『法哲学入門』（講談社学術文庫）をのぞいてみたのだが、これによると、法哲学は法哲学者の数だけあるなどと書かれている。以前、社会学も同じことを言われていた。

ところどころ意味不明な一字下げがある。これはもしかしたら元本（日本評論社、一九八二）で、挿話的に書かれていたのを、不適切に処理した結果かもしれない。その中に、優れた哲学は狂気と紙一重だとした箇所があった（四十二ページ）。長尾は、私の考えでは東大からノーベル賞が出ないのは、助教授選考の際に、会議で人物を紹介して「人格円満」などと付け加えるからいけないので、「ルソーのように被害妄想気味で組織には向かない人物です」と紹介されるような人が受け入れられたら、東大からもノーベル賞受賞者が出るであろう、という。そしてその話を人にしたら、「東大からもノーベル賞が出ましたよ」「誰だい」「佐藤栄作」。

というので、佐藤栄作を皮肉ったつもりなのだろうが、佐藤の受賞は一九七四年で、それより前に東大出身者では川端康成と江崎玲於奈《れおな》が受賞しているのだから、なんだか白けてしまう面白くもないジョークである。宮崎哲弥は、やはり法哲学者の土屋恵一郎・明大教授の『正義論／自由論』に、回りくどいたとえが多くて単に読みづらいだけと書いていたが、何か法哲学者には特有のセンスの悪さでもあるのだろうか。しかし、二人だけで判断するのはいけないだろう。

法哲学は別として、実際の法学というのは、普遍的な真理を求めるものではないと考えるほかない。**むろん、法学者の学説というものはあるのだが、東大の憲法学というのは、護憲派が理屈をこねるものだとしか私には思えないし、いわゆる人権派弁護士というのは、刑事事件の犯人を擁護するための活動が主で、これは学問的営為ではない。**さらに、実務的な法学においては、判例を無視することができないが、判例は裁判官が出すものであり、その背後に確固たる学問的基盤、いや少なくとも理論があるとは思えないことも多く、しかしまさか自然科学における ように、この裁判官はなぜこのような判決を出したのか、という研究は、動物の生態を研究するように研究はできず、いきおい、不当判決への批判という形をとるが、裁判官がそれに答えることはない。

ただ、こういうことは実用書を読めば書いてあることだが、一般の人は、裁判ドラマの影響でもあろうか、法廷実務についていろいろ誤解していると思うことはある。

たとえば、「拉致監禁」という言葉があるが、これは刑法では「逮捕監禁」になっている。舛添《ますぞえ》要一が「朝まで生テレビ!」に出ていて、その日、オウム真理教の拉致監禁事件が問題になって、村山富市総理が「逮捕監禁」と言ったのを、舛添がとらえて、「あの人、日本語知らないね、逮捕監禁って言ってたよ」と言い、田原総一朗が遠藤弁護士に教えられて、それでいいんだと訂正したことがあった。政治学専門とはいえ、東大法学部を出た東大助教授でも、この程度であるという一例であろうか。

法律実務の基本は知っておいて損はない

あと多いのは、刑事と民事の区別がついていない人で、民事というのは一般に想定されるとおり、原告と被告の争いだが、刑事事件は、受理した警察が、検察へ書類送検して、検察が起訴するかどうか決める。

昨年、「2ちゃんねる」の元管理人・西村博之が書類送検されてニュースになったが、一般的な刑事事件の犯人が、逮捕されてのち書類送検されることから、「逮捕されたのか」などとツイートしていた人がいたが、書類送検なら私だってされている。頭のおかしな女が、悪徳弁護士を使って刑事告訴したからで、刑事告訴されたら書類送検されるのである。もちろん結果は不起訴だし、西村も案の定不起訴処分になった。

さらに、刑事で起訴されたとしても、告訴した「被害者」は、もはや当事者ではなくなる。刑事事件では、起訴を決めた検察と、被告および弁護人との戦いになるのである。

また、これは中学校でも習うと思うのだが、刑事事件で起訴されても、有罪が確定するまでは「容疑者」であり、「推定無罪」の原則といって、それまでは有罪の人間としては扱わないことになっている。ところが以前、雑誌の記事で、まだ確定していないのに犯罪者扱いするのはおかしいとして、「推定無罪の原則はどうなったのか」と書いたら、編集者が見出しに「小谷野氏は無罪と推定」などと書いたことがあった。違うって……。

あと「優秀な弁護士」ということがよく言われる。もちろん、無能な弁護士というのはいるだろうが、優秀な弁護士がついたから勝つ、というものでもないし、第一、双方で優秀な弁護士をつけたらどうなるのか。武蔵と小次郎みたいになるのか。だいたい、裁判というのは、判例があるから、おおよそは前もって、どちらが勝つか分かるものである。痴漢冤罪を扱った映画『それでもボクはやってない』は、映画としての出来は評価しないが、裁判の実態という点ではいい映画で、検察相手にどれほど決定的な反論をしても、なかなか勝てないもので、国相手の訴訟では、まず勝てない。三権分立といっても、しょせんは裁判所も国の一部だからである。以前知人が、日照権訴訟で、行政を訴えると言った時も、絶対勝てないからと止めたのだが、きかず、敗れていた。

あるいは、民事訴訟で勝っても、その拘束力は極めて弱い。仮に賠償金を払うよう命じたとしても、本人が払わずにいれば、差し押さえということになるが、貧しい相手であったら、まず差し押さえるものがないし、給料を差し押さえるには銀行口座を把握しなければならず、その手間が賠償額を上回ってしまったりもする。民事の判決を無視しても、日本では刑事罰に問われるわけではないので、これが有効なのは社会的地位のある人だけである。中には、小学校取り壊しは不可という民事判決を、滋賀県豊郷《とよさと》町長の大野和三郎が無視して取り壊したという例もあった。大野はリコールされたが、町長選で勝ち、勤めあげて今は滋賀県議会議員である。

あるいは、市川猿之助（現・猿翁）にストーカー行為をする女に対して、半径五メートル以内に近づかないこととする判決が出たことがあったが、これも無視された。ストーカー規制法というのは、千件近い手紙、メールなどを送り付けでもしない限り、刑事事件には出来ないのが普通である。

つまり民事訴訟で、金をとる以外のものは、むしろ、報道されるかどうかのほうが重要になってくる、といったものである。

むしろ、**裁判所がある都市に住んでいる人は、一度くらい、適当に傍聴に行ってみるといい。有名な事件でなく、ただ行って、開廷しているところへ入るのである。**そうすれば、ドラマなどで見る華々しい場面が展開しているわけではないことが分かるだろう。私が一度傍聴したのは、酒場のおかみさんが、男から殴られた事件の、損害賠償請求事件だったが、ちょうどおかみさんが証人として証言しているところだった。だが、おかみさんの側の弁護士が男、殴った男の弁護士が女性二人で、このことは、女だから女の弁護士がつくといった通俗的なイメージを壊す役割をしたと言える。弁護士といっても、依頼人がいれば善でも悪でも擁護をするもので、世間に流布している正義のための弁護士像などというのが虚妄であることがよく分かるはずである。

「経済学」は、バカなことを言わない程度に役に立つ

さて、経済学だが、だいたい、学問の古典的著作を読むという行為は、社会主義者、ないしは左翼学者たちの、マルクスの訓詁学的な読み方が淵源の一つであるのは、間違いないだろう。いわゆる「リーマン・ショック」のあとで、岩波文庫で宇野弘蔵《こうぞう》(一八九七-一九七七)の『恐慌論』が出たので、読み始めたが挫折し、解説を読んで私は心底呆れたのだが、伊藤誠という人が、マルクス経済学は失効したと言われていたが、サブプライム・ショック以降、再び見直されるべきだといったことが書いてあったのだ。宇野は、東大教授だったマルクス経済学者である。

「朝日新聞」一九九七年八月五日夕刊に西島建男(一九三七-)が書いた「マルクス読み直し」という記事があり、

柄谷(行人)は一九七〇年代の初め、新左翼運動が崩壊して「マルクスはだめだ」といわれた時期に、『マルクスその可能性の中心』を書いた。何が終焉しようと、資本主義は終焉を先送りするシステムであり、終わりをかんがえる思想を裏切る。資本主義は主義で

> も、経済的な下部構造でもなく、それは幻想の体系であると。
> 戦中・戦後のマルクス経済学者宇野弘蔵の理論を引き継ぎ、いまや「宇野・柄谷派」といわれ、三十代の研究者に読み継がれる。いま、新たなマルクス論に取り組んでいる柄谷は語る。

とあった。「宇野・柄谷派」というのは初めて聞いたが、ずっと存在するもんだと思っていたのだが、そうでもないらしく、どうも西島の造語らしい。西島は成蹊《せいけい》大卒ながら、当時、朝日の学芸部で活躍していた記者だが、いい加減なものだ。

私が大学に入るころは、**経済学部では、「マルクス経済学」つまりマル経と、「近代経済学」略して近経のどちらかをやる、と言われていた。だがそれは奇妙なことで、経済学が学問であるなら、どちらかが正しいはず**である。だがこの対立は、要するに国家の体制を社会主義にするか自由経済にするかという**イデオロギー対立でしかないのではないか**。『資本論』の、剰余価値説というものは、なるほど正しいだろうが、近代経済学はそれを否定しているわけではない。

私の考えでは、**学問とはまず価値自由であるべきものだ。よいか悪いかということを棚上げ**

にして、客観的真実を明らかにするものであって、その上で実際の社会をどうすべきかという「意見」があらわれる。つまり「事実」と「意見」の違いという、基本的なことがらである。だが、経済学におけるマルクスか否かというのは、明らかに「意見」の類であって、学問的検討課題ではなかろう。

ケインズの主著も、読もうとしたのだが難しくて分からない。そこで、ナツメ社の「図解雑学」シリーズの、『マクロ経済学』と『ミクロ経済学』を読んで、だいたい分かった。だが、多くの人は、経済学に、たとえば文学研究のような、特段人の生活の役に立つことを求めているわけではない。現実の生活を良くすることを求めているのである。その上で言うと、経済学というのは、特に役に立たない部分が学問だということになるだろう。

以前私は、優秀な経済学者が集まって経済政策を立てているのに、経済失政があるのでは、経済学というのは何の役にも立たないのではないか、と書いたことがある。経済学者の若田部《わかたべ》昌澄《まさずみ》（一九六五- ）は、『経済学者たちの闘い』（二〇〇三）のまえがきで、私のこの言に触れて、決してそんなことはないと言っていたが、この本は、これまで経済学者たちがどう苦闘してきたかを書いたもので、特に経済学が役に立つゆえんを書いたものではなかった。その若田部が、栗原裕一郎との対談『本当の経済の話をしよう』（ちくま新書）を出した。これはウェブ連載中から面白く読んでいたが、結局、経済学というのは、バカなことを言わない役には立つが、積極的に経済状態を良くする役にはあまり立たない、ということが分かった。バカなことというのは、たとえば、現代の日本で、経済成長などなくてもいいのではないかといったことである。

マルクス主義経済学というのは、一方で「科学的」と言いつつ、貧富の格差があるのはけしからんという「倫理」をあわせもっているという点で矛盾している、ということは昔から言われていることである。だが、その結果としてできたソ連、中華人民共和国などの社会主義国で、貧富の差がない楽園ができたかといえば、そんなことはなかったのである。

経済格差と頭のよさの問題について

バブル経済崩壊以後、日本でも、むしろ社会学者を中心に、格差社会を憂える論が流行したが、世界的に見れば、日本は経済格差の少ない国で、そのため平均寿命が高いのである。米国の平均寿命が低いのは、多くの民族が雑居し、低所得層が厚いからだ。

たとえば、東大生の親の平均所得は他大学より高いというデータがある。これを、**経済的に豊かなほうが子供をいい大学へ行かせられるのだと読むのは一面的で、遺伝を無視している。**所得が高い親は頭がいいから、それが遺伝するという要素を勘案して計算しなければならないのだが、遺伝を数値化するのは難しく、かつ世間にタブーがあるのでできない。

私は中学生のころ、金持ちの子供は得をするから不平等だと思い、相続制度を廃止すべきだと考えたが、戦後の日本は、累進課税や高い相続税などの財政政策で、実質上社会主義に近くなっているとも言えるし、先進国はおおむね、社会主義的な政策をとりいれている。そのため、有名な画家が死んだ時、子供が財産税が払えないからといって高額な絵を焼いてしまうなどという事件もあった。こういう場合は、だいたい記念財団などを作って処理するのが普通である。

だが、相続税を高くしても、実際に相続が起こるのは子供が五十歳を超えてからだから、大した意味はないので、もしすべての子供を同じ経済的条件の下で育てようとしたら、親から離して育てるという、かなり無理な手法によるしかない。

私は十年ほど前に、「国家社会主義」を唱えたことがあり（『中庸、ときどきラディカル』筑摩書房）、これは要するに社会民主主義のことだったのだが、この時私が資本制を悪だと思ったのは、自動車政策のためである。西欧諸国に比べても日本は自動車に甘く、私はドライブなどという、遊びで自動車を走らせるのは禁止すべきだと考えていた。だが、日本のマスコミはそういう自動車批判ができない。自動車会社は有力な広告主だからである。

「景気をよくする」ということには、しばしばこうした、倫理との矛盾が生じるものである。豊臣秀吉の朝鮮出兵は、暴挙として批判されているが、戦国時代が終わって、不況が生じることを見越しておこなったものだという説もある。第一次世界大戦で、自国が戦場にならなかった日本は、漁夫の利で戦争特需によってうるおった。その経済的潤沢の中から、大正デモクラシーといったリベラリズム、ないしはプロレタリア文学などが生まれたとも言えるのである。昭和初年には、渡辺銀行の倒産に続く金融恐慌と、世界経済恐慌で、「大学は出たけれど」という不況におちいったが、大陸で戦争が始まると、それで景気が回復した。戦後も、朝鮮戦争の特需が、日本の経済的復興を支えた。

現在の反原発運動にしても、もしその過激派が言うように、すべての原発を即時停止したら、経済に打撃を与えることは必至である。反原発派は、カネより命が大事だと言うが、経済状態が悪くなれば、国民全体の健康状態が悪化するのである。

国の財政破綻というのは、具体的に何が起こるのか分かりにくいが、たとえば国債というのは、国が国民から借金しているわけである。返せなくなったらどうするのか。といえば、日銀が買い上げるわけで、実際に日本では財政破綻というのは起こらない。日銀が紙幣を発行しすぎればインフレになるが、今の日本はデフレなのだから、それでいいとも言える。

例の**「ニューアカデミズム」などというのは、明瞭に、バブル経済の申し子だと言えるだろう。**いまだにその呪縛が解けていない人もいるし、柄谷行人や佐藤優のように、マルクスへの心酔から抜け出していない人もいる。あれはもはや一種の宗教である。

余談になるが、ノンフィクション作家・最相葉月《さいしょうはづき》の『絶対音感』という本がベストセラーになったことがあった。私も読んだが、特に面白いとは思えず、みな、なぜ売れたのだろうと疑問に思っていた。すると、井上章一さん（一九五五‐　）が、あれは娘とかにピアノを習わせている母親が、絶対音感をつけさせるにはどうしたらいいかというので買ったから売れたのだと言っていた。おそらくそうだろう。

日本では、中年に達して俳句を始める人が多い。手すさびである。だがそのために、ある程度名のある俳人が出した俳句の入門書などは売れるのである。書道もまた、習い事としては人気があるので、書家というのは、書道入門書で割と稼げるのだ。「論客」を目ざす若者などは、そのへんを理解していなかったりする。新潮社の社長だった佐藤義亮《ぎりょう》は、ひとのみち教団（PL）の信者だったが、そういう知られていない宗教関係のつながりも無視できない。今年の大河ドラマ『八重の桜』は、おそらく同志社からかなりの援助が出ているのだろうし、親鸞とか日蓮とかいった、大きな仏教教団の教祖を映画化したりする際に、本願寺とかが支援しているのは言うまでもない。

経済学に話を戻すと、資産運用系の評論で人気のある人というのがいる。ただこれは資産のある人にしか関係のない話なので、私には関心がない。**マクロ経済は、政治家が政策を決めるために学ぶもので、ミクロ経済は、経営者とか投資家が学ぶものなので、いずれもそれ以外の人間にはあまり関係ない**のである。

元来、経済学というのは、すべての人間が経済原理に従って動くという前提で作られているところがあって、だが実際にはそうではないから、最近は経済心理学などというものも行われているが、あまり未来のある学問とは思えない。

心理学というのは、始まったころは、一般に想定される心理学とあまり違わなかったのだが、**人間の行動は多様で、学問の手法で数値化できるものではない**ため、「恋愛の心理学」とか「ベストセラーの心理学」といったものは、通俗心理学であり、東大などでそんな研究をしている人はいない。**精神分析はもはや科学とは認められなくなったため、文学研究者や哲学者が用いているだけだし、ユング心理学にいたっては歴然たるオカルト**である。東大文学部心理学研究室では、ほぼ視覚の構造を研究している。私が大学一年の時に一般教養でとったのも、これだった。

「哲学」の古典をどうするか

哲学の場合は、古典というのは当然のごとく、ある。だが、いま大学で哲学を専攻している人たちは「哲学者」というより「哲学研究者」で、プラトンやカントといった過去の哲学者についての研究をしているのだ。そんな中で、廣松渉や永井均のように、独自の哲学を展開している学者もいるが、その方法は、ほかの学問とは違っており、実証ではなく思弁である。結局は、思弁をした、学問といえるかどうか疑わしいものが、古典として残っているのである。特に、**ニーチェやキェルケゴールなどは、学者というよりは思想家であり、随想家であり、『ツアラトストラかく語りき』などは、一種の文学作品**である。そうなると、後代の学問研究によって乗り越えられるということはないのだから、「古典」になるのも当然といえる。

さて、その哲学には、美学や倫理学というものが付随的にある。最近では、美学のほうは、東大の美学科などで、「藝術学」とも言うべき展開を見せているが、私が学生の頃の美学科は、西洋の古い美学者の訓詁注釈を主としていた。**倫理学となると、はなはだヌエ的な学問で、一般的には、アリストテレスの『ニコマコス倫理学』や、カントの『実践理性批判』あたりの注釈をする**のだが、東大の倫理学科は、和《わ》辻《つじ》哲《てつ》郎《ろう》を始祖と仰いでいるから、むしろ和辻が研究した、能楽を研究したり、果ては和辻哲郎を研究するところになっていたりする。あるいは、神道の研究をしている人や、柳《やなぎ》田《た》國《くに》男《お》を研究する人もいて、いったい倫理学とは何なのか、まるで分からない。阪大の鷲田清一は、倫理学者でもあるが、一般には、ファッションを哲学的に研究した人として知られている。

一方、京大の哲学科では、戦時中に戦争協力をしたと言われた「京都学派」の著作を復刊したり、研究したりしているが、いくぶん、血で血を洗うような、学問がただぐるぐると回っているような印象を受ける。**西田幾《き》多《た》郎《ろう》とか内藤湖《こ》南《なん》とか、昔の偉い学者と言われる人の研究を**

するのは、「学者学」というものになってしまって、どうもあり方としておかしいと思わざるを得ないのである。民俗学が特にそれがひどく、日本では柳田國男、折口信夫《おりくちしのぶ》、南方熊楠《みなかたくまぐす》の三巨頭を中心に、盛んに「学者学」をやっている。

「哲学」の古典で読む価値のあるもの、ないもの

岩波文庫に入っているような「古典的学問」には、読む価値のあるものと、ないものとがあって、**プラトン、アリストテレスやカント、ハイデッガーあたりは、読む意味があろう。だが、ヘーゲルとなると疑わしい。**柳田、折口あたりも、疑問符がつく。**マックス・ヴェーバーの『プロテスタンティズムの倫理と資本主義の精神』など、とても現時点で、優れた学問的著作として読むわけにはいかない**だろう。

困るのは、学者の中に、こういう過去の学者の崇拝者になっている人が少なくないことである。マルクス崇拝者がいるのと同じように、柳田、折口の弟子筋とか崇拝者がおり、ヴェーバー崇拝者がいて、そういう「巨人」の全集を編纂したり、読み込んだりするのだが、**もはやそこでは、経済学者であるマルクス、社会学者であるヴェーバー、民俗学者である柳田や折口の言っていることが正しいかどうかという検討はどこかへすっ飛んでしまっている。**

これはどういう心理機制なのか私には分からない。ほかに、吉本隆明崇拝者というのもわり

あいいて、先ごろ呉智英は『吉本隆明という「共同幻想」』（筑摩書房）を出して、吉本の代表的著作が内容空疎であることを述べたが、これは心ある人には二十年くらい前から常識になっていたことで、やや遅かった感が否めない。実際私は『読書家の新技術』で、『共同幻想論』について、文章は下手だが、中身は重要、と書いてあったのを、しばらく信じていたのである。私は若いころは、ごく普通に、柄谷行人や西部邁、あるいは江藤淳や山崎正和、梅原猛などを崇拝したことがあったが、やはりこういう個人崇拝も、三十代半ばで、やめてしまった。つまり、尊敬する学問上の先達というのは、私にはいないのである。もちろん、優れた研究者だと思っている人はいるが、「崇拝」はしない。

呉智英が言っているように、吉本は難解で分かりにくい書き方をしたため、「ありがたみ」が生まれて崇拝者が叢生《そうせい》したということになるのだが、だいたい、崇拝者を生む人というのは、難解な書き方、しかも、不必要に難解な書き方をする人が少なくない。福沢諭吉や林達夫はそう難解ではないが、私は『福翁自伝』とか、『フランクリン自伝』とかいうのが、古典として読まれているのがどうにも不思議なのである。自伝だから、都合のいいことしか書いていないし、むしろ客観的で冷静な、あるいは時には冷酷な「伝記」を編纂すべきだろう。

自分の師匠だからいいことばかり書いているというので、昔から評判が悪いのが、小宮豊隆の『夏目漱石』（岩波文庫）だが、実際にはこの伝記は、それほど漱石崇拝に貫かれてはいない。だが、漱石崇拝家というのはたくさんいるから、もしこれが「自伝」だったら、都合のいいことばかり書かれていても、名著扱いされたであろう。漱石の『文学論』などは、実につまらない、かつ学問的価値も低いものである。それを岩波の『文学』などで特集しているのだから恐れ入る。

勢いに乗ってすらすら読め、かつ快感も感じるというのが、小林秀雄や柄谷行人の文章で、だがよく検討すると小林は論理が飛躍しており、柄谷も飛躍することや、学問的検討には堪えないということが多い。また私はかつてヴァレリーの『レオナルド・ダ・ヴィンチの方法』(岩波文庫)を読んで興奮したことがあるが、これも、自然科学者が読んだらどうだか分からない。

柄谷がカリスマ化した理由の一つは、読んでいると自分も頭がよくなったような気になるということが大きいだろう。

しばしば、**難解で分からないのは翻訳が悪いからだなどと言われることがあるが、実際にはむしろ、原文が悪いことも少なくない。カントだけは、日本語で読むと分かりにくく、英語で読むと分かりやすい。**

そもそも、西洋の古典的著作を読むという習慣は、日本では、漢籍の注釈をしていた伝統から来たもので、明治期にそれが西洋に変わり、邦訳が出たあとでも、語学の勉強を兼ねて、大学で訳読の授業をしたために読まれてきたのである。私は訳読による授業の効用の擁護者だが、そもそも原文が難解である場合には、むしろ害悪になる。ポストモダン系とか、いわゆるフランス現代思想もそうで、ドゥルーズやクリステヴァなどとても研究書とは思えない。

難解代表・柳田國男の傾向と対策

日本語でも難解なのが、柳田國男（一八七五－一九六二）や折口信夫（一八八七－一九五三）である。柳田は、もともと田山花袋と親しく、松岡國男という詩人だったが、失恋によって文学を断念し、農商務省に入り、柳田家の婿となって、経世済民の学問を目ざした人である（岡谷公二『殺された詩人 柳田国男の恋と学問』新潮社、一九九六）。『遠野《とおの》物語』は、岩手県遠野の作家志望の青年・佐々木喜善《きぜん》（一八八六－一九三三）との共同作業の成果で、佐々木はのちに『聴耳草紙《ききみみぞうし》』（筑摩叢書）としてこれをまとめている。この辺の事情は、山田野理夫《のりお》『柳田國男の光と影 佐々木喜善物語』（農山漁村文化協会、一九七七）に詳しく、別に柳田が佐佐木の功績をぶんどったというわけでもない。

柳田は、四十代半ばで貴族院書記官長を辞して朝日新聞に入り、一般向けの著作を出すようになったのは五十歳ころからである。何しろ八十八歳の長命を保ったから、第二次大戦ころからあとの著作は、比較的平易な文章で書かれているが、その間、つまり**五十歳から七十歳くら**

いまでの間に書いたものが、異様に難解なのである。『妹《いも》の力』や、『女性と民間伝承』などだ。

柳田の著作が読みにくい理由について、文化人類学者の山口昌男（一九三一－二〇一三）は、一般の評論のように、謎を提示してそれを解くという書き方をしていないからだとしている。だが、今あげた二著に関しては、とてもそれだけでは説明できない。**柳田はフィールドワークをして民間伝承を収集したりするのだが、その報告と、分析とが、ごちゃごちゃに混ざっている**のである。のみならず、柳田の文体が、明らかに異常なのである。

昔の人だから文体が定まっていないのだろうと思う人もいるかもしれないが、明治四十年ころには、現代につながる言文一致体はほぼ完成していた。柳田の文章が読みにくい理由は、二つ考えられる。一つは、柳田が、依然として文学的であろうという意思を、意識的かどうかは分からないが持っていたということだ。現代でも、純文学作家というのは、意図的に難解な文章を書こうとする。柳田はお化けへの関心を泉鏡花と共有していたが、明治から昭和にかけて、鏡花の文章もまた難解だった。だが、鏡花の文体は鏤骨《るこつ》のそれであって、美的に完成されており、里見弴はその影響下にある文章を書いた。柳田は、自分もそのようであろうとして、鏡花のようにうまくできず、結果として習い性となり、また中年になってから書き始めたために、修正されることなく、そのままになったのではないか。

第二は、単純に、文章が下手だったということである。だが、いずれにせよ、**柳田は、この**

晦渋な文章のおかげで、カリスマ化したのだとも言える。呉智英は、吉本隆明の、読みづらい文章に、「ありがたみ」があると言い、それを普通の日本語に「翻訳」しているが、柳田の文章の読みづらさも、「ありがたみ」をもたらしたのではないか。もちろん、普通の人間が読みづらい文章を書いたら、直されるだけである。だが、宮沢賢治についても、その童話の文章におかしなところがあって、編集者が直したりしなかったから、崇拝者が多くなったのではないかと、島田裕己は言っている（山下聖美『賢治文学「呪い」の構造』［三修社、二〇〇七］での山下との対談）。柳田も同じことではないか。

柳田には弟子が多いが、それら弟子たちは、文章を読んだだけでは分かりにくい柳田の「ご託宣」を聞いたということで、それを人々に伝えるという形で、自分らの特権的な地位を確認していたのだろう。キリストの弟子とか、釈迦十大弟子のようなものである。

「民俗学」が死に体になった理由

柳田の著作を一般に広めたのは、大阪の出版社・創元社である。谷崎潤一郎の本など出した出版社で、昭和十三年（一九三八）から柳田の著作を「創元選書」などで次々と刊行し、読まれていったのであり、さらに戦後は、国文学・民俗学者で、折口の弟子だった角川源義《げんよし》（一九一七－七五）が始めた角川書店が、角川文庫に次々と柳田の著作を収めていった。柳田没後すぐ、筑摩書房が『定本柳田國男集』全三十一巻を刊行して、これは以後ロングセラーとなったのだが、なぜ没後の刊行なのに「全集」ではないのか。のちちくま文庫から『柳田國男全集』が出るが、分量のある「集」は二十年後に岩波書店が『大岡昇平集』を出すまで、使われた例を知らない。ほんらい「全集」は没後に出るものだが、日本ではかねて、存命中から「全集」が出るという習慣があり、のみならず「日本文学全集」などという、意味からいえばおかしなものもたくさん出ていた。

『定本柳田國男集』は、入っていない細かい文章があるので「集」らしいが、その程度でも「全集」とするのが普通であり、「全集」でなく「集」というところに、何か柳田を神秘的に見せるからくりが（版元が意識的にやったのではなくとも）あった気がする。

柳田の書いたもので、一番まともで、今読んでも裨益《ひえき》するものがあるのは、『木綿以前の事』であろうか。敗戦の年に書かれた『先祖の話』は、読みにくくはないが学問的には問題がありすぎるし、晩年の『海上の道』などは学問的にも間違っている。

これが折口信夫となると、その文章はまるで海綿のようにぐにゃぐにゃしており、内容も不分明で、読みにくいことおびただしい。それでも解読できる人によれば、古代人と直接テレパシーで会話したみたいな内容で、学問的裏づけの乏しいものである。これも、没後、中央公論社から全三十一巻の『折口信夫全集』が出たが、その後一九七五年に、まるごと文庫になった。

今でこそ、漱石全集や芥川全集がちくま文庫から出ているが、当時は、さほどポピュラーでもない民俗学者の全集が文庫版で出るというのは意想外のことで、大きな書店へ行ってこれを見ると、何とも神秘的な感じが漂っていたものだ。

それ以外にも、**有名な民俗学者というのは、どういうわけか随筆的で、空想的な書き方をする。**中山太郎（一八七六－一九四七）もそうだし、宮本常一《つねいち》（一九〇七－八一）もそうで、有名な「土佐源氏」などは、宮本が創作したポルノ小説がもとになっている。現代でも、谷川健一（一九二一－二〇一三）や大和《おおわ》岩雄（一九二八－　）は、学者というより評論家、小説家で、学問の方法としては問題にならない。

だが一番の問題は、**こうした「民俗学者」たちの書いたものが仮に学問であるとしたら、後世の民俗学者によって検証され、修正されていなければならないはず**だが、そうはならず、ただ『柳田國男全集』や『折口信夫全集』といった大部のものが存在して、古典のように扱われているという点である。しかし、大学でも民俗学科というのはあまりないし、放送大学教材でも、『民俗学』が一九九一年に宮田登によって書かれているだけで、そのまま新版が出ている様子もないし、結局学問としては死に体ということなのだろう。

なお私は、かつて一度も、柳田や折口に心酔したことはない。

政治学の古典『アメリカの民主政治』を今読むことについて

アレクシス・ド・トクヴィル（一八〇五－五九）の『アメリカの民主政治』というのも、「学問の古典」としてよく言及されるものである。トクヴィルはフランスの政治家で、米国を見て回ってこの本を著した。しばしば、外国人による研究だから優れているのだという例としても持ち出される。私の若い頃、西部邁先生がよくこれをひきあいに出して、民主主義というのがいかに惨憺《さんたん》たる衆愚政治に陥るかということを記していると言っていたので、私もその頃、講談社学術文庫の分厚い全三冊で、井伊玄太郎の訳が出ていたので、まず上巻から買って読んだが、ものすごく読みづらく、何とか一冊終えたが、別に西部先生の言うようなことは書いてなかった気がして、多分後の方に書いてあるのだろうと思い、それっきりになった。

ところがその後、別の人が、しかしアメリカ人はそれを乗り越えていくだろう、と書かれている本だ、と紹介していた。これはいい例で、**本というのは、誰が紹介するかによって内容さえ違って見えることがある。**山本茂実の『あゝ野麦峠』は、諏訪の養蚕女工らを描いた、ベストセラーながら優れた著作だが、これを、女工哀史だと読む人もいれば、実家の農家にいるよりは工場へ行ったほうがいい暮らしができた、と読む人もいる。

で、それから十年ほどして、井伊訳『アメリカの民主政治』の中下巻も買った。だが、なかなか読む気にならずにいたら、さらに十年ほどして、岩波文庫から松本礼二訳の『アメリカのデモクラシー』全四冊が出て、井伊訳はひどいという評判も聞こえてきた。そこで井伊訳三冊は売り払って、松本訳の二冊目から読み始めたのだが、

（これは、読まなくてもいいかも）

と思い、途中でやめた。

というのは、別にそこに、私の知らないことが書いてあるという気がしなかったからである。私たちは、トクヴィルから一世紀半後の世界に生きており、その後の歴史を知っている。最も民主的だと言われたワイマールのドイツ共和国がヒトラーを生み出したことも知っているし、十九世紀前半においては新興国だった米国が、その後世界最強の国になった結果も知っている。

つまり**トクヴィルは、「先見の明」があったということで賞賛されるのだが、それは要するに、キュリー夫人や野口英世が偉いというのと同じであって、今の私にその著を読む必要はあるまい**と思ったのである。

未来を予見したということで褒められる本というのがある。林達夫の『共産主義的人間』が、ソ連の独裁国家ぶりを早くから指摘したといったことだ。呉智英の『読書家の新技術』には、『凍土の共和国』（金元祚、一九八四）など、北朝鮮批判の本が二冊あげられている。だが、これらの本が出て、呉の本が出るまでの時期は、北朝鮮が歴然たる世襲制の国であり、日本人拉致を行ったことはおろか、大韓航空機撃墜事件すら起きていない当時のことであり、それより

前は、北朝鮮を地上の楽園だと信じている人たちがいたのである。だから、今、これらの北朝鮮批判の本を、歴史的資料として以上には、読む必要はないだろう。

苅部直《かるべただし》(一九六五-)の『丸山眞男《まさお》 リベラリストの肖像』(岩波新書、二〇〇六)を見たら、丸山眞男は、褒める人もけなす人も、なぜか熱狂的になるとあって、これは面白いと思った。けなす方はともかく、先の柳田・折口から、ヴェーバー、宮澤賢治など、熱狂的に好きな人というのがいて、批判がましいことを言うと猛り狂うのだが、あれは何なのだろう。

私には誰か、けなされたら猛り狂うような対象がいるだろうかと考えたが、思いつかなかった。仮に誰かが谷崎潤一郎を批判しても、別に猛り狂うとは思えない。

丸山眞男の思想と学問をバカ正直に問い直す

ところで私は、丸山眞男(一九一四-九六)という人が、どう偉いのだか、よく分からない。一般的には、左翼の東大法学部教授であるという認識だが、そんな人はほかにもいる。学者としてどう偉いのかということである。『現代政治の思想と行動』(未來社)とか『戦中と戦後の間』(みすず書房)とか『忠誠と反逆』(ちくま学芸文庫)とか、有名な文集があり、ロングセラーになった『日本の思想』(岩波新書)があるけれども、どうもピンとこない。**敗戦後書かれた論文(実際には評論)「超国家主義の心理と論理」というのが、丸山の出世作らしいが、**

若いころ読んで、やはり既視感が強かった。それまでに、その内容は薄められたり敷衍《ふえん》されたりして、あちこちで読んでいたからである。有名な本や著述には、こういうことがママある。

私自身、「天皇制的無責任の構造」などという言葉を使ったことがあるし、丸山の影響をいくらかは受けているのだろう。だが私が天皇制に反対するのは、身分制を認めないためであって、丸山や大江の言うような政治学的な理由でではない。

丸山はいくぶん、サルトル（一九〇五-八〇）に似たところがある。サルトルが、学者・作家としてそれほどのものか、私には疑わしいのだが、戦後のリベラリズムの代表者として崇敬されたというあたりが、似ていると思うのだ。

もう一つ、丸山には『日本政治思想史研究』（東京大学出版会、一九五二）という、大部の著作があり、学者としての本業はこれだろう。もっともこれは博士論文ではなく、丸山は博士号をとっていない。これは私は留学中、英訳もあり、読まされたため、日本語でも読んだが実に読みにくい文章だった。これは荻生徂徠《おぎゅうそらい》を論じたものだが、五代将軍・徳川綱吉の寵愛を受けた側用人・大老格・柳沢吉保に仕えた儒学者・徂徠は、いわば幕府の御用学者である。だが若いころは貧乏をして、近所の豆腐屋がおからを恵んでくれたので、おからを食べて飢えをしのいだという伝説もある。

明治期の日本の知識人は、西洋の科学技術、政治制度などを懸命に学び、それがさらに西洋の思想文藝に及んだ。だがほどなくナショナリズムが芽生え、日本にも西洋に匹敵する「思想家」がいるのではないかという意識が生まれて、岩波書店の『日本思想大系』全六十七巻（一九七〇-八二）が編纂された。第一巻は『古事記』で、徳川時代までをカヴァーしている。こういう試みは戦前にもあった。ほかに中央公論社の「日本の名著」シリーズ（一九六九-八二）もあり、『日本書紀』、聖徳太子から始まり、こちらは近代までカヴァーしていた。

徳川時代の思想といえば、体制教学は儒学である。寛政異学の禁で朱子学が正統とされ、幕府膝下の林家《りんけ》は、羅山《らざん》以来世襲である。ほかに国学の本居宣長、平田篤胤《あつたね》がおり、また綱吉のあとの改革を背負った新井白石は、イタリア人シドッチを尋問して得た『西洋紀聞』があり、あるいは蘭学者の杉田玄白、高野長英、渡辺崋山《かざん》らが知られる。儒学者の中でも、伊藤仁斎《じんさい》、東涯《とうがい》父子、徂徠は朱子学ではない。中江藤樹などは、母と二人暮らしの中から学問のため上洛し、母が心配で一時帰宅したが、修業の途中で帰ったことを咎められて、母が家に入れてくれなかったという逸話で知られる。

徂徠のおからもそうだが、学問の内容が知られていない学者は、こういう逸話で記憶されていたのである。丸山は、あえてその地味な徂徠を持ってきて、徂徠の学問には、幕府の解体、幕藩体制の終焉を予言するものがあると論じたのである。

地味な対象、難解な文章、刺激的に見える結論は、丸山がジャーナリスティックなマスコミ

学者ではないという権威づけをする役にたったであろう。

だが考えてみると、**では徂徠以外の徳川期の学者については同じことは言えないのかと言えば、林家はともかく、ほかは大いに言える**のである。そもそも水戸学から国学に通じる、日本の本来の王は天皇であり、将軍は覇者であるという思想もそうだ。幕府に仕えた新井白石の『読史《とくし》余論《よろん》』ですら、北畠親房《きたばたけちかふさ》の『神皇正統記《じんのうしょうとうき》』を下敷きにしており、頼朝、尊氏などを天皇権力の簒奪者と位置づけ、ただ家康だけを例外とする苦しい措置を施している。

さらに、儒学では聖人による統治を理想としており、原初においてはそのために世襲ではない「禅譲」をあるべき姿としているのだから、そもそも儒学と、シナ、日本の世襲制権力とが、矛盾するものなのである。

徂徠の場合は、資本制の発達、商人の擡頭《たいとう》による武士権力の衰微を予想したと言えるが、果たして丸山の指摘が、さほど学問的に重要かどうかは疑わしい。丸山はのちになぜか福沢諭吉を研究し始めるが、私は福沢というのも、何が偉いのかよく分からない。

私は丸山を批判しているというより、「思想」という語に日本の学問が翻弄されていることを指摘しているのである。

西洋では、近代の民主主義に至る、政治思想の流れがくっきりと見てとれる。だが日本にそれはない。焦ったリベラル派学者は、しいてそれを求めようとしたという面があったと言えるかもしれない。だが、保守派の学者もまた、芳賀《はが》徹の「パックス・トクガワーナ」という、徳川期の爛熟した文化を評価する方向性をとっており、単にリベラル派や左翼の問題ではなく、日本の学者にみられる西洋への劣等感が問題なのである。

司馬史観と徳川時代の思想家の話

司馬遼太郎が、徳川家康について書いた『覇王の家』（新潮文庫）のあとがきを見ていて、私ははっとした。家康の評価についてである。

かれがその基礎を堅牢に築いて二百七十年つづかせた江戸時代というのは、むろん功罪半ばする。文化文政時代という特異な文化や、教養の普及という点で代表されるように功も大きかったかもしれないが、天文年間から慶長年間にかけての日本人にくらべ、同民族と思えぬほどに民族的性格が矮小化され、奇形化されたという点では、罪（ざい）のほうに入るかもしれない。室町末期に日本を洗った大航海時代の潮流から日本をとざし、さらにキリスト教を禁圧するにいたる徳川期というのは、日本に特殊な文化を生ませる条件をつくったが、同時に世界の普遍性というものに理解のとどきにくい民族性をつくらせ、昭和期になってもなおその根を遺しているという不幸もつくった。

司馬が徳川時代を評価していないのは知っていたが、これほど厳しい物言いをしていたかと、私は驚かされた。私は司馬に賛同する。

ちょうど私が学生のころ、「江戸ブーム」というのが起こり、ある意味では今も続いているが、私の師匠や先輩らが、その旗振り役をしていたこともあって、私は長いこと、このことを考えつづけてきて、三十代半ば以後、次第に、司馬が言うような評価に近づいていったのである。

加藤周一の『日本文学史序説』（ちくま学芸文庫）というのがある。「序説」といっても、あとで本論が書かれたわけではなく、謙遜に見せかけたかっこつけで、これは英訳があるが、そちらは普通に『日本文学史』となっている。加藤はここで、徳川時代に入ると、一般的な文学、舞台藝術などについての記述を放棄し、もっぱら「思想」について書いている。これも、丸山の影響と言えるかもしれない。のち加藤は、徳川期大阪の思想家だった富永仲基《とみながなかもと》（一七一五―四六）を描いた戯曲「富永仲基異聞」も書き、上演された。私は前進座が上演したのをテレビで観て、割といい舞台だと思った。丸山の影響は北米にも及び、ハリー・ハルトゥーニアン、ケイト・ナカイ、ヘルマン・オームス、テツオ・ナジタなどが、徳川時代の思想家について研究した。ナジタが大阪の私塾について書いた『懐徳堂』（邦訳、岩波書店）なども話題になった。大阪大学などは、懐徳堂について盛んに顕彰している。

柄谷行人の『日本近代文学の起源』がバイブル的な本になったのは、柄谷の語り藝もさることながら、前島密《ひそか》の文章など、それ以前の文藝評論家が引用しなかったものをちりばめたのが、隠し味として効いていると思う。荻生徂徠もそうだが、地味なところをうまく使うと、権威づけになるという例である。

右翼、左翼系評論と、ニューアカの思い出

ところで、最近ひそかにはやっているのが、「右翼」や「ファシズム」の評論や研究である。福田和也（一九六〇- ）が始めたともいえる系列だが、片山杜秀《もりひで》（一九六三- ）や佐藤優《まさる》（一九六〇- ）、中島岳志《たけし》（一九七五- ）に受け継がれている。この連中の特徴は、自分自身も右翼であるかもしれない、みたいな言説を流すことで、その一方で福田や佐藤は柄谷と結んでみたり、佐藤はマルクスや神学について語り、片山はクラシック音楽の評論家でもあり、中島にいたっては、左翼の『週刊金曜日』の編集委員でありつつ、保守の西部邁にかわいがられ、保守を名のるなど、多様な側面を見せ、マスコミにも盛んに登場するなど、巧みな世渡りが特徴である。いずれも私は批判したことがあるが、まともに答えは得られなかった。

私はご多分に漏れず、「ニューアカ」「現代思想」の著作家たちを、若いころは懸命になって

読んでいた。多くは難解で分からなかったが、時には分かったような気がして、「フーコーの『言葉と物』は面白いよ」などと、本郷の安田講堂前で文三で同じクラスだった清水穣《みのる》君という、今は写真研究家になっている人に話したのまではっきり覚えている。ああ、恥ずかしい。

九六年ころまでは、まだぼちぼち読んでいたが、井上章一さんが、そういうものは読まなくなったと書いているのを見て、救われた気持ちになって、読まなくなった。その井上さんが、やたらと西洋の思想家だのスター学者だのを引用して箔づけしようとする学者たちを揶揄して、日本にだって富永仲基みたいな思想家がいるのに、と書いていたのはそれから三、四年あとだったろうか。そこで私も富永を読んでみた。「加上《かじょう》」の説で知られる。だが、それほど独創的だとは思わなかった。

井上章一さんが富永仲基と言ったところに、ひとつの陥穽《かんせい》がある気がする。なるほど、現在でも、人文・社会科学の学者の一部に、不必要に西洋の「思想家」を持ち出して箔づけをする人はいるが、そこで、日本にも富永が……と言う必要はないのであって、不必要な思想家の箔づけなどなくても、学問は成り立つ、と言うべきだったのである。

中世ヨーロッパに**スコラ哲学というのがあって、これはキリスト教神学である。やたらと細かな、あまり意味のない議論を「スコラ的」と言うのはこれから来る。**私には、一部では盛んな儒学の研究について、結局は一種のスコラ哲学ではないかと思えるのである。『論語』や

『孟子』は確かに面白いのだが、その後の、朱子学や陽明学といった「新儒学」の、理気二元論とかいうものが、よく分からないし、がんばって勉強する気にもならぬ、空理空論としか思えないのである。

呉智英の『読書家の新技術』には、儒学関係の本がいくつか、呉の勧める本として挙げられていた。宮崎市定の『論語の新研究』とか、島田虔次の『朱子学と陽明学』や、ウィリアム・セオドア・ド＝バリーの『朱子学と自由の伝統』などである。だが、これらはいずれも、私には面白くなかった。どうも儒学というのは、私の性にかなり合わないらしい。

〝過度の抽象化〟にはついて行かずともよい

柄谷、西部、呉といった、若いころ影響を受けた知識人から、私が離れていったりした理由の一つは、彼らの抽象化傾向にもある。具体的な事例について、それは何々の問題であるという風に抽象化して論じたがるのである。抽象化といえば、大澤真《ま》幸《さち》あたりがいちばんすごくて、『恋愛の不可能性について』なんて、恋愛などという極めて具体的なものを、よくここまで抽象化した空理空論に出来るものだと思った（この本はもちろん売ってしまった）。

もちろん、抽象的にしか論じられないことは抽象的でいいのである。たとえば名詞の問題で、ここに椅子があるが、それが世界中の椅子と同じもので、「椅子」という名詞で呼ばれるのは、

「椅子」という範疇《はんちゆう》を作るからである。近代の哲学書を読んでいて、若いころひっかかったのはこの「範疇」という語なのだが、範疇とはつまり普通名詞のことである。またたとえば『文藝春秋』は固有名詞とされているが、一九二三年の創刊以来、毎月多くの『文藝春秋』が出て、それも何万部とあるわけで、なんでそれが固有名詞なのかと。

あるいは「中村和子」という名前の人がいたら、固有名詞のはずだが、日本には多くの「中村和子」がいるだろうし、するとこれはなんで固有名詞なのか。

地球はまごうかたなく固有名詞である。自由の女神像や東京タワーも、世界に一つしか、物理的に存在しない。それらが固有名詞であることと、『文藝春秋』や「中村和子」が固有名詞であることとは、区別しなければおかしいのではないか。クリプキなどがこうしたことを論じているが、言語哲学は、どうしたって抽象的たらざるをえない分野であるとも言える。

いわゆる「ポストモダン哲学」がインチキであることはもうほぼ明らかになったが、まだやっている人がいて、五十過ぎの人で、今さらポモとは別れられないというのでやっているなら分かるが、若い人で今からポモに参入しようという人は、気がしれない。

弁証法が本当にわかる人はいるのか

それより前でも、哲学には分からないことが少なくない。「弁証法」などというのは、未だに分からない。三浦つとむ（一九一一－八九）の『弁証法はどういう科学か』（講談社現代新書）を読んでも全然分からなかったからすごいものである。三浦は、弁証法は哲学ではなく科学だと言い、弁証法という言葉を知らなくても人は弁証法を使っているのだと言うが、それなら弁証法などという言葉はいらないではないか。ディアレクティークといって対話であるから、二人であれこれ話しているうちに、ああそうかとなっていいアイディアが出たらそれは弁証法なのか。ヘーゲルの「テーゼ－アンチテーゼ－ジンテーゼ」とか、止揚（アウフヘーベン）とかいうのが有名だが、それでは、護憲論がテーゼで、改憲論がアンチテーゼなら、ジンテーゼは、西部邁が一時言っていた「廃憲」であろうか。死刑廃止論と死刑存置論のジンテーゼは、みんなで死ぬことであろうか。

　だが三浦つとむは、弁証法と言いつつ、いきなりなぜかそれは「唯物弁証法」の話になっていて、要するに三浦はマルクス主義者であり、**弁証法というのは、マルクス主義という教義の中でのみ生きている特殊な集団用語だとしか思えない**のである。

　日本の世界的哲学者とされている廣松渉（一九三三－九四）の、『物象化論の構図』（岩波現代文庫）というのがある。これは、ヘーゲルの弁証法は無理ではないかという議論に対して、人間は資本制の中で諸関係の中に組み込まれて「モノ化」される、つまり物象化されるので、弁証法が適用されるのだとしたもので、私は一時期感心していたが、詭《き》弁《べん》のような気もする。

現象学でみんなが使うのは〝エポケー〟だけ

あるいは、現象学というのがあって、私の若いころ、竹田青嗣が『現象学入門』（ＮＨＫブックス）というのを出して割と話題になり、なぜか柄谷一派と竹田・加藤典洋一派が対立していたことがあった。加藤はのちに、柄谷やニューアカがはやっていたころ、そういう「理論」が分からなくて悩み、理論などなしでもいいではないかと開き直ったと語っていたが、竹田の現象学は分かったのであろうか。これは本気で、訊いてみたいと思っている。

堀江敏幸が谷崎潤一郎賞を受賞した時、選考委員の一人である丸谷才一（一九二五－二〇一二）があいさつして、

「もし女の人から、『ねえ最近、現象学ってのがはやっているみたいだけど、どういうもの？』と訊かれたら、堀江さんの小説を勧めたらいいと思います」

と言っていたが、果してその当時、現象学がはやっていたのか分からないし、堀江の小説を読んだら分かるということはまったくないであろう。

現象学について学んで、人が覚えるのは、「エポケー」という言葉だけである。かっこに入れるということで、一時脇におく、という意味で、学者などはよく、冗談で使うが、それだけである。現象学の創始者とされるフッサールは、しかし、世界観哲学と科学の基礎としての哲学を区別した。これは功績であって、ニーチェやキェルケゴールなどは、明らかに世界観哲学

である。フッサール門下のハイデガーも、やはりそうだろう。もしかするとフッサールは、マルクス主義に反対で、そのために「エポケー」などと言って、イデオロギーに毒されない純粋科学を求めようとしたのだろうか。

ヴェーバーの『職業としての学問』に学ぶこと

マックス・ヴェーバーも『職業としての学問』(岩波文庫など)で、これはいいことを言っている。誰でも一つくらいはいいことを言うものだ。だが、そのヴェーバーの研究者が、客観的事実を明らかにするどころか、ヴェーバーの意義を高らかに宣言したり、ヴェーバーを批判する人がいると猛り狂ったりしているのだから、腹の皮がよじれるではないか(折原浩のこと)。夏目漱石には「私の個人主義」という講演があり、個人主義とは、党派心がなくって理非のある主義だと言っているのだが、その漱石を崇拝し研究する人が、党派心にあふれ、理非のない人だったりするのと似ている。

谷崎潤一郎を「思想のない作家」と言ったのは、その谷崎の最初の妻と結婚した佐藤春夫だが、「秋風一夕話《しゅうふういっせきわ》」(一九二四年)の中でのことで、しかしここで「思想」とは何のことか。佐藤は「耽美《たんび》主義官能主義だって一つの思想なのだ」と言っている。かといって、それより五年ほど前に、小林多喜二《たきじ》が虐殺されてから衰微したプロレタリア文学がもっていたような政治的思想のことでもない。第一、それならその佐藤春夫には何の思想があるのか。

だが、谷崎についての「思想のない作家」という評価は長く定着し、伊藤整がこれを擁護して、思想はないが偉大だということに落ち着いて今日に至っている。だが佐藤の文章は、肝心なところで文意がとれない。武者小路《むしゃのこうじ》実篤《さねあつ》が、谷崎に思想がないと言い、弟の谷崎精二（小谷崎）もそう言ったので、佐藤は安心して、大谷崎を「思想なき藝術家」と言うことにしたが、

というのは、彼は所謂《いわゆる》思想好きでしかも空疎な考へ方で思想をするといふ意味のつもりなのだが。


とある。「彼」は潤一郎のことである。潤一郎は、マルクス主義者ではないし、日本近代の文学者に多い、キリスト教徒ないし潜在的キリスト教徒でもなく、また哲学好きでもない。あるいは、当時の京都学派につらなる、東洋の精神的文明を重んじて理屈を並べる横光利一のようでもない。

もっとも谷崎も、最晩年に『実存主義辞典』を注文したりしているし、それなりに最新の「思想」には注意を払っていたようではある。ただ、空疎な議論はしなかった。

ところで、これより二十年ほどあと、三島由紀夫は川端康成について「文体がない」と書い

ている（「永遠の旅人」）。だが、一般的な意味で「独自の文体」という意味なら、川端にはもちろん、それはある。鶴田欣也《きんや》先生は、この「文体」とは、ヘーゲル的な歴史のことだと言ったのだが、そう釈《と》る根拠は、鶴田先生の直観でしかない。私はもしかして、三島は「思想がない」と書きたかったのではないか、と今度思いついた。ただし思いつきである。

〈思想〉という言葉を再考する

三島は、かなり強固な「思想」の持ち主である。政治思想から美学まで、三島商店にひととおり揃っておりますというくらいである。「美しい日本の私」程度では、三島には思想には見えなかったろう。だが三島が「思想がない」と書かなかったのは、それでは佐藤-谷崎の二番煎じになるからである。

すると、私もまた谷崎や川端同様に、「思想」がない人間ということになるのであろうか。だが、「思想」という言葉のこうした使われ方は、近代日本独特ではないだろうか。西洋では、「思想家」という肩書が使われるのは、あまり見たことがない。梅原猛、吉本隆明、中沢新一の鼎談《ていだん》『日本人は思想したか』というのがあって、ああそういうことが気になるんだなあと思ったものである。

吉本の「共同幻想論」については、呉智英の精細な批判があるが、ちょっと私は誤解があるんじゃないかと思うのは、「国家」だけではなく、「東京大学」だって「日本相撲協会」だって共同幻想なのである。つまり、建物はあるし、所属する人物もいる、だがそれらの総体が「東京大学」や「日本相撲協会」なわけではない。組織というのはすべからく、おっとこれは誤用で、おしなべて共同幻想なのである。「すべからく」を誤用する人で、「すべて」では字数のすわりが悪いという時は、「おしなべて」を使うといい。

たとえば、日本近代文学館というのが駒場にある。大学時代は、その存在意義が分からなかったが、最近のように日本近代の作家の伝記など書くようになると、よく分かった。国会図書館にないものもあるからである。だが、入館料や複写料が高いから、率先して使うというわけにはいかない。

この建物は、旧前田邸跡地に建てたものだが、実は建物が建つより数年前に「財団法人日本近代文学館」という組織ができている。だから、「日本近代文学館」というのは、組織名であって、共同幻想なのである。「幻想」という語を使うと、おとしめる語感があるので勘違いされやすい。廣松渉が『世界の共同主観的存在構造』（講談社学術文庫）を書いているが、こちらのほうがよほど吉本よりはまともであろう。

〈フィクション〉という捉え方の謎

あと、評論家がよく使う「フィクション」という言葉があるが、これが、意味が分からない。フィクションといったら、普通は、物語とか小説とかの「虚構」のことである。だが、評論家は、「フィクションとしての天皇制」といったことを言う。もちろん、天皇制は物語でも小説でもない。なるほど、近代天皇制というのが、本来の天皇と違うものである、ということは、私も言っていることだ。天皇とは本来、法に規定されない自然的存在だったのを、法で規定してしまい、それでいて、伝統であるかのごとくに言っている。だが、それは別に「フィクション」というほどのものではない。

それ自体は、まだ意味は分かるからいいが、「天皇制などというのはフィクションに過ぎない、廃止せよ」となると、わけが分からなくなる。私は共和主義者だから、天皇制廃止論者だが、ではこういうことを言う人たちは、フィクションではない外国の君主制はいい、と言うのだろうか。

逆に、擁護側の使い方となると、やっぱり分からない。たまたま手元に、『新潮45』二〇一三年四月号の、佐伯啓思《さえきけいし》の文章があったので、引用すると、

私が、戦後民主主義と天皇制の間の亀裂といったのもまさにこういうことでした。もしも、この亀裂を修復しようとすれば、われわれは、まともに立憲天皇制というものを考え

なければなりません。それは、西欧の立憲君主制と類比できるものですが、まったく異なったものです。「祭祀王」としての天皇をフィクションとして承認するほかないのです。

（略）天皇制の維持は、本当は、このようなフィクションを国民が承認できるか否かにかかっているのではないでしょうか。

これは、連載のうちの一回の最後の部分だが、「フィクション」という語はここで初めて出てくる。だが私には、この「フィクションとして承認する」という文の意味が分からない。まあ、文藝評論を読み慣れた人なら、「ああ、鷗外の『かのやうに』だな」などと思うのであろう。「かのやうに」は、五条秀麿という主人公を借りて鷗外が自己の思想を披歴した小説で、明治四十五年（一九一二）に発表されたものである。大逆《たいぎやく》事件（一九一〇）のあとだから、鷗外が天皇制についての考えを示したものとされ、天皇の権威というのは虚なるものだが、それに権威がある「かのように」受け入れよう、というもの、と解釈されている。私なども若いころ、所属研究室が右翼的だったから、これを読んで感動し、受け入れよう、と思ったりしたものだ。

しかし、これはもって回ったレトリックで、鷗外自身が、自分の保身のために書いたものであり、まず天皇制を認めるという前提があって、あとづけの理屈をつけただけである。佐伯の場合も同じであって、そうなると「フィクション」などという、深遠めかした言葉もまた、うさんくさいものでしかない。

世間でウケるのは色物。まともな学問は面白くない代物

宗教学者とされている中沢新一（一九五〇‐　）は、おおむねオカルトでありインチキであると言っていいが、どういうわけか多くの賞をとり、大学人としても出世している。例の東大駒場中沢事件（一九八八年）の時は、私もまた、多くの若者と同じように、中沢が良くて、拒んだ東大が悪いと思っていたし、「知の地殻変動」が起きているのだと思っていた。オウム真理教事件をへて、私が初めて過ちに気づいたのは、宮崎哲弥が『正義の見方』（洋泉社、一九九六）で中沢を正面から批判したのを読んだ時のことである。

フロイト精神分析とか、ユング心理学というのも、今ではまともな学問とは考えられていない。難解であるため、フロイトを学問化したようにとらえられがちなラカンもそうである。私は阪大にいた頃、ラカンのセミネールというのを原文、英訳を対照して読んだことがあったが、難解というより、まじめな学問的文章とは思えなかった。既に世界的に、理系の学者が精神分析など見放していたころになって、日本では人文学の世界でもてはやされ始めたのである。た

だフロイトのほうは、面白がった時期があったが、ユングはそうでもなかった。ちくま学芸文庫というのは、岩波文庫や講談社学術文庫に比べても、ユングとかポストモダンとか、インチキ学問を入れる割合が高く、困ったものだと思っている。

だが、東大心理学でやっているような心理学は、全然面白くないではないか、と言う人がいるかもしれない。岸田秀や小倉千加子（一九五二‐　）は、いずれも早大で、そういう心理学をやって、面白くなくて、エッセイストになってしまった口だが、残念ながら学問というのは、正しければ面白いというものではないのである。**世間で売れるような評論本は、インチキが多く、まともな学問は面白くないから売れないというのが、厳然たる事実**なのだ。

ところで、中井久夫（一九三四‐　）という精神科医、文筆家がいる。この人は、現代ギリシアの詩の翻訳でも知られている。岸田、河合といったフロイト、ユング系の心理学者が信用できない、ということになって、浮上してきたのが中井である。いかにも哲人風な文章を書く。私も一時期、中井に心酔したようなところがあった。ところがそのうち、中井が、丸山ワクチンが効くかのようなことを雑誌『みすず』の連載に書いたため、その号を求めるがん患者とその家族が殺到し、みすずでは、まだ分量が少なかったが、そこまでを一冊として薄い本を出した。まことに商魂たくましい話だが、私はそれで、中井という人を疑った。

それでよく考えると、それまで読んだ『家族の深淵』『アリアドネからの糸』（みすず書房）

などにも、往診して統合失調症患者の脈をとっていたら、それがその部屋の時計とシンクロしていることに気づいたとか、おかしなことが書いてあったのである。さらに調べると、中井は、昭和天皇が病気で連日「下血」が伝えられていた時に、やはり下血した患者について、彼は敗戦時に大変な思いをして満州からひきあげてきたが、その記憶が天皇と結びついて下血したのではないかととんでもないことを書いていた。これは単行本に入れる際に削除されていたが、私はすっかり、中井にはだまされていた、と思ったものだ。語り口が哲人風で、丸山ワクチンについても、「効く」とははっきり書いていないのだ。それでだまされるというわけ。

なお、**アラン・ソーカル事件については、ソーカルとブリクモンの『「知」の欺瞞』（邦訳、岩波現代文庫）を見てもらえばいいが、ソーカルは別に「ポストモダン」がインチキであることを「証明」したわけではない。**確かに部分的に証明らしいことはしたが、全面的にはやっていない。むしろ**ソーカルは「皇帝は裸だ」と言った**のである。私は、八〇年以降の学術論文を、北米や日本で見ていて、本人が書いた部分は論理的で学問的でなければいけないのに、デリダやクリステヴァの、とても論理的とは言えない文章を引用すると、それは許されてしまうという現象を、不思議だと感じていた。実は多くの人が、変だと思っていたのである。

これだける学術雑誌

ところで、大学に「美術史」という学科がある。これが私には不思議だった。「英文学」「国文学」は「史」ではないのに、なぜ美術だけ「史」なのか。音楽については、東京芸大などに「楽理科」というのがあるが、「音楽史」という独立した専攻はない。東大では、かつては「美学美術史」と一体になっていたのを、一九七三年に美学藝術学と分離したものだが、それでももともと「美術史」だったことに変わりはない。

『万葉集』が好きだから大学の国文科へ行く、というのは、学部学生ならいいが、大学院へ行く学生としては、実は本来は間違っている。学問というのは、まだわかっていないことを明らかにするものだからである。

だから本来、学術論文というのは、この小説が好きだとかすばらしいとか、この絵はいいとか、そういうことを主張するものではない。だが、実際にはそういう価値判断をせずに書くのはなかなか難しい。

私が大学院にいた頃、小堀桂一郎教授は、実証的学問を是とする人であった。論文は文藝評論ではないと常々言っていた。ところがその小堀氏が、「一流の作品や作家をやれ」と言ったことがある。これはおかしいなと思ったのは、一流かそうでないかは、価値判断であり、学問から価値判断は出てこないはずだからである。つまり教授の側でも、腰は定まっていないのである。

院生のころ読んだ論文で、あるマイナーな作品について実証的に調べ、最後に、「作品としてどうかというとあまり好きではない、いいとは思えない」と書いてあったことがあり、軽く衝撃を受けたものだ。

なお言語学については、例の「ニューアカ」のころ、ソシュールが流行し、それに付随してヤコブソンとかバンヴェニストとか言われたものだが、**二十世紀言語学に革命をもたらしたのはノーム・チョムスキーであり、チョムスキーは人間が用いるすべての言語に普遍的な構造があることを明らかにし、現在では手話にもその構造が応用できることが分かりつつある。**

「学術雑誌」というのは、狭い意味では、ちゃんとした専門の学会が年一回くらい出している雑誌で、査読者がいる、つまり水準に達していなければ載せてもらえない雑誌のことである。『国語と国文学』は東大の学術雑誌、京大は『国語国文』、あと学会誌として日本文学は、『古代文学』『中古文学』『中世文学』『近世文藝』『日本近代文学』、歴史では『史学雑誌』『歴史学評論』、西洋文学では『英文学研究』『フランス語フランス文学研究』『ロシア語ロシア文学研究』、哲学などは『哲学』『倫理学年報』『美学』、ほか『美術史』『社会学評論』『宗教研究』『心理学研究』『法哲学年報』『文化人類学』などが学術雑誌で、岩波書店の『文学』『思想』などは、一般的には権威があるが、厳密な意味での学術雑誌ではない。世間的に有名で、時には東大教授でも、学術雑誌に論文を発表したことのない人というのはいる。だが、**学術雑誌に載ったからまともで信用できる論文だとは言えない面もあり**、精神分析やらポストモダンやらを援用しても載ってしまうことがあるから、要注意である。歴史系はわりとその辺まともである。

いい入門書とのつき合い方

もっとも、初学者がそこまで深入りすることもないのだが、私は若いころ、青土社の『現代思想』臨時増刊の、フロイトとかルソーとかユングとか、そういうのを古書店で買ってきては読んでいた。もちろん、彼らの著作はいくらかは読んでいるのだが、中には、まだ読んでいなかったヘーゲルとか、岩波書店の『思想』のヴィーコ特集などという専門的なものを買ったり、順番としてはちょっと違っていた。結局、あとになって入門書を読むようなことになった。**生意気な若者は入門書をバカにしがちだが**（いや、私がそうだっただけで、普通はそうでもないのか）、**「図解雑学」シリーズと、それと装幀のよく似た「面白いほどよくわかる」シリーズ（日本文芸社）とか、適宜利用するといい。**個別の学問については、放送大学の教材を買ってくるといい。ただもちろん玉石混交だが、そう無茶なものではないだろう。

入門のため、岩波、中公、講談社などの新書に頼ろうとする人が多いかもしれないが、新書は今ではあまりにレーベルが多すぎて、いい入門書は全体の中では少数である。特に岩波は近ごろイデオロギー的なものが以前より増えている。どちらかといえば、**創元社の「知の再発見」双書とか、清水書院の歴史に関する新書などがいい。**フランスのシリーズを翻訳した白水社の文庫クセジュは、薄いし翻訳だから、あまり日本人には向いていない。

私は最近では、**哲学者などは、伝記から入る、ないしは、改めて伝記を確認するというやり方をとっている。**この三十年ほどは、あまりに伝記が軽視されすぎてきたと思ってもいる。

なお、古典的著作に関して、どの版がいいか、といったことを侃々諤々《かんかんがくがく》議論する人というのがいる。マルクスの『ドイツ・イデオロギー』という本があるのだが、若いころ、これについて、岩波文庫のは今ではダメだとされている版だが、なんで残っているのか、などと議論されていた。そこで私はわざわざ、廣松渉が編纂した版の翻訳を買ってきて読んだのだが、中身はすっかり忘れてしまった。こういうのは、ただのマニアが気にしているだけで、一般人には割とどうでもいいことである。映画でも最近は、「ディレクターズカット」などという別版がDVDで出たりしているが、たいていは、監督が上映のため泣く泣くカットしたところを復活しているだけで、冗長なものになっている。つまりは、ファンにいくつも買ってもらおうという商売でやっているだけで、あまり本気にしないほうがいい。私の大好きな『風の谷のナウシカ』は、当初米国で公開された時に、『風の戦士たち』と改題され、パッケージはナウシカが主役であることを隠していた。しかし実際に観てみたら、さほど本物とは違わず、細かいカットがあるだけだった。

出版社の「新書」刊行年・冊数一覧

ところでいわゆる新書だが、かつて御三家と言われた岩波、中公、講談社に、ちくま新書が参入し、文春、光文社、集英社、平凡社などが九八年ころから出て、えらいことになって現在に至っている。私は当初、そのうち大手でやめるところも出るだろうと思っていたら、そうはいかなかった。以下に、現在までの新書の一覧をあげておく。破線より右は、○は今も生きている新書、破線より左は、×が今ではなくなった新書である（出版社名は、新書名に入っていない場合に表記）。

新書名	出版社	開始年-終了年	刊行数
○岩波新書		1938-	3000冊以上
角川新書		1948-70	229冊
哲学新書	雄山閣	1948-49	15冊
アテネ新書	弘文堂	1949-71	126冊

学燈新書		1949-57	10冊
法蔵新書		1949-57	7冊
みすず新書		1950	10冊
入門新書	川津書店	1950-60	66冊
学習研究新書	山海堂	1951-53	26冊
三笠新書		1952-56	46冊
学生教養新書	至文堂	1952-62	28冊
読売新書		1953-75	60冊
河出新書		1953-59	543冊
創元新書		1953-84	59冊
文化新書	有信堂	1954-68	100冊程度
青木新書		1954-72	96冊
東大新書	東大出版会	1954-69	33冊
日本歴史新書	至文堂	1954-86	140冊
大月新書		1955-56	9冊
三一新書		1955-2004	500冊

新書名	出版社	開始年-終了年	刊行数
サンケイ新書		1955-56	9冊
教文新書	日本教文社	1955-56	15冊
青春新書		1955-98	247冊
スポーツ新書	ベースボール・マガジン社	1956-89	180冊くらい
時事新書	時事通信社	1957-72	337冊
紀伊國屋新書		1957-75	165冊
新教新書	新教出版社	1958-2002	212冊
農文協新書	農山漁村文化協会	1961-71	10冊
主婦の友新書		1961-66	65冊
潮文社新書		1961-76	77冊
○中公新書		1962-	2600冊以上
平和新書	アサヒ芸能	1962-64	49冊
○ブルーバックス	講談社	1963-	1800冊以上
実日新書	実業之日本社	1963-90	403冊

サンデー新書	秋田書店	1963-76	122冊
国土新書	国土社	1963-89	69冊
ケルン新書	朋文堂	1963-65	26冊
有紀新書	有紀書房	1963-66	20冊
○講談社現代新書		1964-	2100冊以上
双葉新書(小説)		1964-82	315冊
新日本新書		1964-2002	530冊
東経新書	東洋経済新報社	1964-66	23冊
高校生新書	三一書房	1964-69	111冊
文華新書	日本文華社	1964-87	454冊
日経新書		1964-83	352冊
平和新書	徳間書店	1965-71	37冊
ホリデー新書	実業之日本社	1965-72	55冊
潮新書		1966-77	104冊
塙新書	塙書房	1966-2000	76冊
三省堂新書		1967-75	128冊

新書名	出版社	開始年ー終了年	刊行数
旺文社新書		1967-70	27冊
レグルス文庫	第三文明社	1971-2009	248冊
教育社新書		1974-92	436冊
有斐閣新書		1976-89	466冊
教育社歴史新書		1977-91	175冊
○岩波ジュニア新書		1979-	741冊
×丸善ライブラリー		1991-2009	375冊
歴史群像新書	学研	1993-	1100冊以上（小説を含む）
ちくま新書		1994-	1200冊以上
PHP新書		1996-	800冊以上
KAWADE夢新書		1997-	290冊
文春新書		1998-	900冊以上
×アルク新書		1998-2000	22冊

宝島社新書		1999-	370冊以上
集英社新書		1999-	680冊以上
平凡社新書		1999-	670冊以上
講談社＋α新書		2000-	780冊以上
×近代文芸社新書		2000-09	89冊
新書y	洋泉社	2001-	300冊
ベスト新書		2001-	400冊以上
光文社新書		2001-	630冊以上
中公新書ラクレ		2001-	440冊以上
生活人新書→NHK出版新書	NHK	2001-	400冊
×岩波アクティブ新書		2002-04	128冊
×リュウ・ブックスアステ新書	経済界	2002-10	103冊
×PHPエル新書		2002-04	93冊
角川oneテーマ21		2002-	300冊
新潮新書		2003-	500冊以上
×寺子屋新書	子供の未来社	2004-07	23冊

新書名	出版社	開始年－終了年	刊行数
祥伝社新書		2005-	３００冊以上
ちくまプリマー新書		2005-	１９０冊
×パンドラ新書	日本文芸社	2005-07	62冊
朝日新書		2006-	４００冊以上
幻冬舎新書		2006-	２８０冊以上
ソフトバンク新書		2006-	２２０冊以上
サイエンス・アイ新書	ソフトバンク	2006-	２７０冊以上
ＰＨＰビジネス新書		2006-	２７０冊以上
×ＭＣ新書	洋泉社	2006-10	45冊
×学研新書		2007-12	１２３冊
アスキー新書		2007-	２３０冊以上
扶桑社新書		2007-	１３０冊以上
角川ＳＳＣ新書		2007-	１７０冊以上
×マイコミ新書	毎日コミュニケーションズ	2007-11	89冊

×ベースボール・マガジン社新書		2007-11	56冊
小学館101新書		2008-	180冊以上
スクリーン新書	近代映画社	2008-	38冊
WIDE SHINSHO	新講社	2008-	180冊以上
ロング新書	KKロングセラーズ	2008-	66冊
青春新書（復活）		2009-	210冊以上
じっぴコンパクト新書	実業之日本社	2009-	110冊以上
PHPサイエンス・ワールド新書		2009-	60冊以上
交通新聞社新書		2009-	50冊以上
ワニブックス〈plus〉新書		2009-	90冊以上
×ハヤカワ新書juice		2009-10	16冊
双葉新書（復活）		2009-	50冊以上
×通勤新書	中経出版	2010-11	5冊
日文新書plus	日本文芸社	2010-	90冊以上
×主婦の友新書		2010-12	39冊
星海社新書		2011-	30冊以上

新書名	出版社	開始年-終了年	刊行数
経済界新書		2011-	37冊以上
オークラNEXT新書		2012-	
フォレスト2545新書	フォレスト出版	2012-	

（＊2013年5月末調べ）

私が新書をとくに勧めない理由

とにかくすさまじい量の新書が毎月出ている。一時期、宮崎哲弥はその月の全新書を読むという無茶な連載をしていたが、今では無理だろう。それでもかなり読んでいるらしい。呉智英は『読書家の新技術』で、新書を割と勧めていた。私は自分でもけっこう書いてはいるが、さして新書派ではない。岩波新書が権威だと思ったこともない。

私の若いころは、中公新書は初版が二万部で、岩波は五万部だと噂されたが、今はそんなに出ないだろう。九千部くらいである。そんなに新書が出ても、小さい書店の棚は限られているから、おのずと置かれない新書は売れないということになる。

まだそれほど新書がたくさん出ていなかったころだが、「最近の新書は、もっと多くなるはずのものを新書に押し込んだものか、ちょっとした思いつきを無理やりふくらませたものが多い」と書いていた人がいたが、いったいに新書というのは、そうなる宿命を持っているのである。

本というのは、ある主題を定めて、きっちり書けば、おのずと五百枚くらいになる。もっとも、博士論文にするために、これをさらに水増しして八百枚くらいにする人もいて、それは日本の人文学業界に、博士論文は分厚くなければいけないという変な信仰があるせいである。理系の論文なら、内容さえ新しければ、分量はさほど問題にされない。

また、一般の本は、小説でいえば短編集のような、論文集成というものがあるが、新書界ではこれは許されない。そこで執筆者側では、六十枚から百枚で完結する内容を、新書サイズの二百五十枚以上にふくらます必要が生じるのだ（なお「枚」とは四百字づめ原稿用紙の枚数。ところで最近は字数で数える人が増えているが、執筆依頼文などに「2000word（w）」とか書いてあるのは明らかに間違いで、word　というのは欧文で書く時の単語数で、日本語なら letter であろう）。

だが、これは新書や評論に限ったことではない。小説でも、書き下ろし長編などを依頼されて、内容的には短編でしかないものに着手してしまい、ふくらませているものがある。松本清張でいえば、『点と線』は薄いから、内容と分量にさほど乖離はないが、『砂の器』は長くしたため、原作はけっこうおかしなものになっているのだ。

文筆家のスタイルとお金の裏話

また、齋藤孝（一九六〇- ）や香山リカ（一九六〇- ）のように、一人でものすごい点数の本を書く人がいて、私は以前、「粗製濫造」だと言って怒っていた。それにも分別《ぶんべつ》があって、齋藤や香山は大学教授だから、そんなことをしなくても食えるのだ、島田裕巳（一九五三- ）や橋本治（一九四八- ）は文筆で身を立てているのだから、少々の粗製濫造も許す、というのだが、これは、大学教授になれない私のひがみとねたみも交じっていたので、今ではわりあい、どうでもいい。ただし、文筆家の生計ということは、読者の側でも少しは勘案してほしいとは思う。

たとえば、ノンフィクション作家の工藤美代子（一九五〇- ）は、かけおち同然に、私の師匠の鶴田欣也（一九三二-九九）と一緒になったが、生計は自分で立てるように言われ、七年くらいかけて、最初の本を書いたという。だが、それからあとは、年に二、三冊は出している。いくら、慣れてきたからといって、初めは七年かかったものを半年で書けるというのは、やはり最初の本はそれだけ手間をかけたということである。

だが、文筆業なのに、あまり本を出さない人もいる。それは、貧乏であったら気の毒なことだが、油断ならないのは、親の財産があるという人が割といることである。

あと、新書を出すのは、二千円以上する単行本をまじめに書いても、売れないということがある。そこで、比較的売れる新書にして、単行本の内容をあちこちに鏤《ちりば》めて、広める、というのが私の考え方の一種でもある。だから、まじめに単行本も読んでいる読者が、新書を読んで、同じことを繰り返している、と怒ることがあるが、これは単行本が売れないのだから仕方がない。小熊英二《おぐまえいじ》は、例外的に、学術的な分厚い単行本が売れる人だが、あれは何かのきっかけでそういう人になった、実に例外である。

あるいは、私が何か書いた時に異議を申し立てた人が「影響力が大きい」などと言うことがあるのだが、これはまったくのお笑いである。本が仮に十万部売れても、日本人全体の〇・一パーセント、十万人である。テレビは十パーセントの視聴率なら一千万人が観ているとしてもいい。新聞や週刊誌がこれに次ぐ。書籍の影響力などというのは微々たるものである。いや、知識人に影響力があるんだと言う人がいるかもしれない。ないない。私のツイッターのフォロワーは四千人台だが、東浩紀《あずまひろき》は十一万人台、豊崎由美《とよざき》は二万人台、枡野浩一《ますのこういち》は一万五千人くらいである。

なお、丸山の『日本政治思想史研究』とか、網野善彦《あみのよしひこ》の『日本中世の非農業民と天皇』（岩波書店）は、学術書であり専門書である。五百ページを超えるような分厚さで（丸山のはそれほどはない)、昔は箱入りが多かったが、最近は学術書でも箱に入れないことが多い。ほかに五味《ごみ》文彦の『院政期社会の研究』(山川出版社)という、藤原頼長の男色を扱った論文が入っていることで知られるのも、そうだ。

こういうのは、学に志していても、一般人が通読するものではない。それでも、話題になったり、サントリー学芸賞をとったりして読みたくなるかもしれないが、その場合、図書館で借りてざっと見るか、五味の場合などはその論文だけ読めばいい。油断ならないのが講談社選書メチエで、ああいうペーパーバックの軽装本ながら、けっこう重厚な学術書が入っていることがある。なお、ペーパーバックの対義語はハードカバーである。人はよく、単行本と文庫本、などと分類するが、カッパブックスとか徳間ノベルスとかいうのは、ペーパーバックであり、ハードカバーより格が下がる。

講談社というのは特殊な出版社で、マンガや雑誌で儲けた分で、赤字覚悟で学術文庫や純文学の単行本などを出しているが、あれはほかの出版社ではできないことだ。学術書は、おおむね初版は三百から五百部で、著者が五十冊くらい買い取るとか、出版助成金を出してもらって刊行している。

さて学術書も、著者本人が啓蒙書を書いてくれればいいのだが、それがなく、**だいたいの内容を知りたいという時は、書評を読むといい。いちばん手っとり早いのはサイニィで、「論文**

題名」のところに、書名を入れると、書評が出てきて、そのまま読めることがある。洋書の学術書の場合は、フラップという、カヴァー折り返しに内容紹介が書かれていたり、裏表紙にレビューが載っていたりするので、これで見当をつければいい。

廃れてしまったフェミニズムについて

ところで、今ではすっかり下火になったフェミニズムだが、これは「女性学会」というのができ、だがそれは学問の学会ではなく、政治運動の学会である。私は中学生のころ、創刊された『フェミニスト』という雑誌をしばらく購入していたくらい古くから関心があって、というのは、「男なんだから強くなれ」みたいな言い方に抑圧を感じていたからである。

ところで、日本の女性解放運動は、徳川時代の工藤真葛《まくず》（只野《ただの》真葛）に始まり、明治初年の矯風会や婦人参政権運動、明治末年の平塚らいてうらの『青鞜《せいとう》』創刊などいくつかの節目があるが、明治から昭和戦後まで活躍した山川菊栄《きくえ》（一八九〇－一九八〇）がいて、フェミニズムの学問的業績には山川菊栄記念賞が贈られている。旧姓を青山といい、社会主義者の山川均の妻だった。だが、菊栄の著作で、いちばん長く読まれているのは、岩波文庫に入っている『武家の女性』である。これはロングセラーで今も生きている。ところがこれは、太平洋戦時下に書かれたもので、水戸藩の武家出身である菊栄が、当時の風潮にしたがって武家の女を称揚した、いわば戦意高揚文書の一つなのである。むろん、それを隠れ蓑に、女性礼賛をおこなったとも言えるが、菊栄には、大佛次郎賞をとった『覚書　幕末の水戸藩』もあって、何やら武家の女性礼賛者のようになってしまっている。

実はこういう、女礼賛のフェミニズムが、別の身分制の是認になってしまうという皮肉はわりあいあって、東南アジアや南アジアには女性政治家が多いが、それは有力政治家の娘だったり妻だったりすることが多い。いま放送している大河ドラマ『八重の桜』も、女を主人公にしたものではあるが、あれは会津藩の武家の出身だから、一般庶民ではない。戊辰戦争で敗れた会津藩の悲劇というのはよく語られるが、これは武士だけの話であって、会津若松の一般庶民である農民は別に関係ない話なのである。

現代のことでも、夫婦共稼ぎでうまくやっているというルポルタージュやノンフィクションも、見てみるといずれも一流大学卒のエリート夫婦の話で、一般庶民には参考にも何にもならないということがある。笑えるのは、地方ほど女性が働いている率が高いといったデータが新聞に出たりしたことがあって、何のことはない、地方の農家や商家は、夫婦で働いていることになっているからに過ぎないのである。夫婦でやっている飲食店などもそうだ。

だが、現代日本のフェミニズムにおいては、上野千鶴子一人がマスコミ的なスターになってしまい、上野が恋愛論を持ち込んだため、上野はもてる男女のことしか考えていないと私から批判されて、結局それには答えないまま今日に至っている。上野はなかなかの策謀家で、京大系のボス梅棹忠夫をヨイショしたり、明らかに保守系の坂東眞理子と対談本を出したりと、節操はかなりない。いっぺん、江藤淳と『群像』で対談したことがあって（九五年二月「日本の家族」）、江藤が、男女共同参画法が成立したことは、フェミニズムの大敗北だと言い、上野も賛同して大いに盛り上がったことがあった。その後、保守派の女性政治家が続々とあらわれ、江藤の予見はみごとに当たったたと言える。

一時期、江藤と上野の蜜月みたいな時期があり、それは上野が、富岡多恵子、小倉千加子との鼎談『男流文学論』（一九九二）で、江藤の『成熟と喪失　〝母〟の崩壊』を「涙なしに読めなかった」と評し、翌年これが講談社文芸文庫に入った時、上野が解説を書くということもあっての対談だった。それから四年後に江藤が自殺したのだが、その時、学生が私に、「上野千鶴子はどうコメントするでしょうね」と言ったことがあって、私は、

（何も言わないに決まってるだろう）

と内心思ったということもあった。もちろん、何も言わなかった。

八〇年代には、江原由美子とか吉澤夏子とか大越愛子とか、上野と歩調を共にしないフェミニストもいたのだが、ほとんど表面から姿を消してしまった。上野門下には、千田有紀、瀬地《せち》山角《やまかく》、加藤秀一などがいたが、彼らも、大した仕事はしていない。上野にしてからが、学問的

業績といえるのは、最初の『主婦論争を読む』の編纂くらいで、あとはすべてエッセイであり、博士号もとっていない。

「社会学」の名誉を取り戻すための名著二冊

だが上野門下でも、東大社会学准教授の赤川学《まなぶ》は、優れた研究者である。出生率の低下が問題になり始めた頃、女が外へ仕事をしに出たほうが出生率は上がるという珍論を展開する向きがあったのだが、赤川は『子どもが減って何が悪いか！』（ちくま新書、二〇〇四）でこれを統計学を駆使して論破した。

なお「子供」ではなく「子ども」とするのは、「供」は「お供」の意味だからというので左翼が規制した結果であるが、赤川は特に意識せず使ったのだろう。ほか、「婦人」というのも、「女が箒《ほうき》を持つ」という字だからというので忌避され、「女性」に言い換えられている。それなら「男」だって、田んぼで力仕事をするという字だろうが……。

上野はかろうじて赤川の本を書評して、悪いのはフェミニストではなく政府系の人口学者だと苦しい言い訳をした。世間は赤川の本を無視して、男女共同参画を言い続けたが、一般の女性の専業主婦志向が強まり、それも意味がなくなってきている。

だが、上野や宮台真司、大澤真幸らのおかげで、社会学というのがこういうものだと世間で思われたのは損失で、私としては、デュルケームの『自殺論』とか、富永健一の『近代化の理論』（講談社学術文庫）あたりを、社会学の名著としてあげておきたい。

なお近ごろ「構築主義」ということが言われている。このうち、「言語構築主義」は、世界は言語によって作られており、言語以前に実態はないというトンデモ理論である。あと「社会構築主義」というのは、社会問題というのは、誰かが問題にした時に問題になるのだ、というものだが、こちらは当たり前のことを言っているようにしか思えない。もし、誰かが問題にする前は問題は存在しなかったのだ、と言い出したら、これはまたトンデモである。赤川も最近は構築主義についての本を出しているが、私には、社会学の制度の中でもがいているように見えてならない。

しかし、ここで私が書いたような考えには、いろいろ試行錯誤の結果たどりついたので、これは読むなと言っても仕方がない気がする。ただ、参考程度にはしてもらいたい。

鈴木晃仁（一九六三－ ）という、慶大経済学部教授の医学史家がいて、私の大学一年時分の同級生である。これが、「History of Medicine and Modern Japan」というブログを書いている。ほとんど毎日書かれていて、その都度、自分が見た文献を紹介したりしているのだが、学者はかくあるべきだという手本のようなものである。学問の客観性・中立性を理解しており、端倪《たんげい》すべからざるものがある。ロンドン大学で博士号をとっており、英語の著書はあるが日本語のものはまだない。マスコミ学者とは違う、まともな学者の毎日の仕事ぶりということで、参照してもらいたい。念のため言うと、私とは仲がいいわけではない。

第五章　バカのための英語術

英語の才がない私だから言えること

私は、実は英語が苦手である。東大英文科卒で、カナダへ留学していてなぜ？　と思われるかもしれないが、要するに私には、外国語を習得する才能がないのである。

それだけではない。私は、中学二年生の夏休みに、アメリカへ一ヵ月ホームステイに行っている。そして大学で英語の教師をしてきた。

そんな経歴の人間がどうして「外国語の才能がない」などと言うのか、不思議に思う人も多いだろう。しかし逆に言えば、これだけの経歴を持っていても、英語が得意ではないのだから、それほど才能がないのだ、と言うこともできる。

実は私は、小学校五年生のころから、「ラボ」という、外国語教育を中心にした組織に加わっていた。そこで英語のテープを聴いたりそれを劇にして上演したりということをやっていたのである。ただし、そこではほとんど、いわゆる「英語教育」というのはやらなかったように記憶している。ただ、テープから聞こえてくるせりふを鸚鵡《おうむ》のように覚えては再現していただけであった。

実のところ、小学生の私は、ごく普通に、英語が喋れるとか外国語があやつれるとかいうことに憧れを抱いており、英語を習いに行けば、ちょうど小学校へ上がったころ算数の教科書がどんどん分かったように、どんどん英語が喋れるようになると想像していたのである。家には小さな英和辞典や和英辞典があったので、

「これは英語でなんて言うんだろう」

と思っては和英辞典を引いてみる、などということをやっていたはずだ。

そして、中学生になった時、思い出してみると、これから「英語」の勉強をするんだ、という情熱にけっこう燃えていた。NHKラジオの『基礎英語』を、朝六時に起き出しては聴いていた。

その情熱は、学校で英語を学びはじめて、わりあい早いうちに消えたようである。一つには、英語の勉強というのは、自転車に乗るようにある日突然できるようになる、といったものではなく、算数や数学のように、原理さえ覚えればあとは応用できる、といったものでもなく、**結局地道に単語一つ一つを覚えていかなければならないのだ、と知ったのが原因**でもあろう。そ

れは、存外つまらないな、という発見だった。

そんな感じのままアメリカへ行ったわけだが、これは外国語に対する関係の上で、あまりいいことではなかったかもしれない。つまり、別に正確な英語など話せなくても生きていけるのだ、というふうに、**英語を舐《な》めてかかる結果をもたらした**からだ。

それでも、子供は子供なりにストレスを感じていたのだろう。「亜米利加記」と題された日記を途中まで付けていたが、それは当時読んでいた『南総里見八犬伝《なんそうさとみはっけんでん》』ばりの擬古文で書かれていたし、帰国後、「正しい日本語を喋る会」などというのを勝手に作って、一切外来語を使わずに生活する、という妙な行動に出たからである。バスは「乗合自動車」と呼び、テレビは「受像機」と呼んでいた。変な中学生である。パンは、戦時下に敵性語が追放された際、「麵麭《めんぼう》」というシナ語を用いて呼んでいたが、それは知らなかったので使わなかった。しかし「パン」はポルトガル語で、ポルトガルは敵国ではなかったと思うが……。

落ちこぼれが英文科に行くと直面する現実

しかし結局、外国語、つまり当時の私にとっては英語、というものに対しては、さしたる情熱も感じなかった、というのが正確なところだろう。高校へ入った時、私が習った覚えのない「分詞構文」などというものが突然出てきて、たいそう戸惑わされた。たぶん中高一貫の私立の学校に高校から入ったおかげで、公立の中学では教えていなかったものがいきなり出てきたのだろう。いずれにせよ、高校の教科書となると、だいぶ程度の高い英文を読ませるのだが、これがどうも私には分からなかった。

読んでいて、腑に落ちない箇所が多いのである。今の私がその当時の教科書を見れば、どこで私が躓《つまず》いていたのか指摘できると思うが、要は、文法がよく分かっていなかったのである。まず自動詞と他動詞の区別というのができていなかったはずだ。なぜこの動詞は後ろに前置詞が付くのにこれは付かないのか、といったことで悩んでいた記憶があるからだ。で、英語が数学などと違ってやっかいなところは、大体分かってしまう点で、実際には分かっていないのに分かったつもりで先へ進んでしまうのである。ということは、英語教育というのは、少人数教育でなければならない、ということになる。

大学一年の時、私はみごとに落ちこぼれ学生になるのである。どうせ小説家志望の人間なんてのは、大学の授業なんかあんまり行かないで放蕩無頼をやるものだと思っていた私は、かなり適当にしか授業には出なかった。かといって放蕩無頼もできず、演劇活動に熱中するとかもできずに、ぼんやり相変わらず小説なんか読んでいた私は、入学から半年経って出された成績表を見て愕然とするのである。

確かに、勉強はあまりしなかったし、第二外国語のドイツ語は難しかった。それでも、その結果が結果として出てくるとショッキングなものである。かと言って、それから猛勉強に励んだかというとそうでもなく、相変わらず好きな本を濫読したり、駒場《こまば》祭でクラス企画として上演する芝居の戯曲を書いたり演出したりしていた。それでも落第しては困るので、そこそこに勉強はして低空飛行で大学の一年目を終えた。

英文科で教わったこと

結局、高校時代にいちばん得意だった科目は国語であり、ついで日本史や世界史だったのだから、国文科へ行けばいいじゃないか、というのが素朴な疑問だろうが、なにしろ当時の私は、まだ作家になるつもりだったし、進学先の決定がのちのち大きな意味を持つとは思いも寄らず、まあ日本文学はいちいち勉強するまでもないし、英文科なら無難かな、という程度のことで英文科へ進学してしまったのである。

二年生までは駒場へ通っていたのが、三年になると本郷へ通うことになる（ただし教養学科進学者は駒場）。ここでも、それなりに英文科に期待していた私は、カルチャー・ショックに遭うことになる。きっと英文科へ行けば文学談義なんかもできるし、授業では文学作品の分析とかをやるんだろう、と思っていたら、授業はただ文学史の講義だったり、英語の授業と変わらない作品の訳読だったりしたからだ。それに、英文科にはやはり「英語の達人」みたいな人たちがいて、竹本憲昭さん（現在奈良女子大教授）など、ジョセフ・ヘラーの『キャッチ＝22』など原書を持ち歩いて、「これ面白いよ」などと言っていたのである。実のところ、私はそれまで、『フランダースの犬』を除いて、原書で小説を読んだりしたことがなかった。

じっさい、当時の私の英語力で、原書で小説を読む、しかも楽しんで読む、なんていうことは不可能に近かったのである。まず、**小説の英語というのは普通の英語より難しい**。もっとも当時の私にはそういう知識さえなかった。駒場時代、低空飛行で語学の授業を切り抜けてきたツケが回ってきたのである。それに、「原書は分からなくても読んでいればだんだん分かってくる」などということを言う人もいたので、**きちんと辞書を引きながら読むという習慣も身につかなかった**。

要するに、この段階に至るまで、私にとって外国語というのが面白いものであったことなど一度もなかったのである。となると、外国語はただただ苦痛な勉強としてしか存在しない。私に興味があるのは、語学というヴェールの向こうに存在する文学だったのである。

それでもさすがに英文科の環境に放り込まれてしまうと、無理してでも英語を読まないわけに行かなくなる。最初に原書で小説を読み通したのは、ジョイスの講義をすると称してやってきた丸谷才一が、ただひたすら、まだ刊行されていない『忠臣蔵とは何か』（これはよくない本である）の原稿を読み上げたあげくに出した、原書を読んで感想文を書け、という課題に応じてのことだった。私は、課題図書の中に、アンソニー・バージェスの『医者は病気』という作品があったので、買ってきて、一夏かけて大変な思いをして読み通した結果、わけの分からないままに感想文を書いて、Bをもらった。

語学というのは、どうやら特殊な感性の持ち主以外には、苦痛でしかないものらしい。大学で英語を教えていると、学生がなんでこんなに出来ないんだ、と思ってイライラしていたのだが、私自身があの程度の英語力で英文科へ通っていたことを思うと、ぞっとする。で、この文章が、その後一念発起して猛勉強をして、今では英語の達人になっています、というのならサクセス・ストーリーだが、そうではないから恐ろしいではないか。

すっかり英文科に失望した私は、やはりあまり授業にも出ずに、バイトをしたり家で録画した映画を観たりという生活を続けて、三年生の一年は終わった。

その後、ああの時もっときちんと勉強していれば、などと後悔することは多かったのだが、今は、あの時の自分にはあれしかできなかったのだな、と思うことが多い。文学に興味はあっても英語には興味がないという状態は今でも変わらないのであり、だとすればあの頃の自分が英語をやる気になれなかったのもまったく仕方のないことだと思うからだ。

卒論の苦すぎる思い出

ところが、四年生になって卒業論文を書く段になると、たいへんなことが起きる。私は、当時英米の作家で関心があったのは、まずシェイクスピアだったが、これは面倒そうなので避け、『ガリヴァー旅行記』のジョナサン・スウィフトか、『ヴァージニア・ウルフなんかこわくない』の、米国の劇作家エドワード・オルビーか、どっちかをやろうと思っていた。なおスウィフトの面白さを教えてくれたのは、作品そのものもさることながら、中野好夫の『スウィフト考』（岩波新書）によるところが大きく、この本を教えてくれたのは高橋康也先生（一九三二―二〇〇二）で、高橋先生は駒場時代、ピーター・シャファーの戯曲『アマデウス』を教科書に使って、演劇の話などもしてくれ、試験の際は感想文を書かせてくれて、それを評価してくれたのだろう、語学では唯一私に「A」をくれた。しかも二回も。高橋先生は英文科には属しておらず、もし先生がいたら私の英文科生活ももう少しましだったのではないかと思う。

しかしどうも英文科では、まず英国をやるかアメリカをやるか決めて、という感じで卒論の対象を絞り込んでいくのが普通らしく、当時の主任教授の高松雄一先生に、「スウィフトかオルビーをやりたい」と言ったら変な顔をされた。

さすがにこの頃になると、二十三歳で芥川賞を取って作家になる、などというのが夢物語であることが分かってきて、そうなるともう大学院へ行くくらいしか、現実適応能力のない私には道がない、ということになっていた。さらに、「たいへんなこと」と書いたのは、もし大学院へ行くならやはり演劇をやりたいから、と思ってオルビーを選び、まず日本語で論文を書きはじめてみると、この作業がめっぽう面白いのである。論文を書くのがこんなに面白いなら、学者としてやっていけるのではないか、いや自分には才能があるのではないか、と私は密かに思い込んでしまったのである。

英文科の卒論は英語で書くのである。大体が、はじめに日本語で書いてそれを英訳しようなどというのが劣等生の証拠である。満足に読めもしない人間がまともな英語を書けるわけがないのだから、日本語で大論文を書いたつもりでも、英訳すると惨憺たる代物になる。なお、英文科には英会話の授業も設けられていたが、私は、「英会話なんてのは軽薄な女子学生あたりがやるもの」と馬鹿にして受けなかったし、もちろん英会話学校などというものにも行かなかった。

さて、英語で書いたらこれをタイプしなければならない。私はなぜ英文科でタイプを教えないのか不思議だ。やっているところもあるらしいが、東大ではなかった。確か三年生のころ、当時もう時代遅れになっていた手動のタイプライターを買い、教本を買ってきて独習でタイプの勉強をして、ぽつりぽつりと草稿をタイプした。しかし何しろミスが多いので、卒論を書くときは、ワープロを買ってきてそれで打った。だが当時の、小さな窓から数文字を見るだけのワープロだったし、保存も利かないので、その後のワープロからは考えられないほど苦労した。

出来上がった原稿は、おそらく英語は文法的にめちゃくちゃ、タイプミスもかなりある、ひどいものだったに違いない。そのくせ中身だけはやたらと難しいことを言おうとしていたのだから、読んだ先生の苦労たるや察するに余りある。

しかし、私が自分の実力のほどを思い知らされるのに、卒論面接まで待つ必要はなかった。その前に大学院入試と合格発表があって、私はみごとに一次試験で落ちていたからである。

大学院入試は、略して院試と呼ばれる。英文科の場合、内容は、英文和訳、和文英訳、論述、文学史の四つと、第二外国語だった。この第二外国語（略して二語）のほうは、私はドイツ語がすっかり嫌になっていたので、英文科へ入ってから、中央大学から来ていた丸山圭三郎のフランス語の授業を取って、傍ら自分でも勉強して、フランス語を選択した。

世の中には、試験に「受かるとは思ってなかったのに受かった」というようなことを言う人がいる。真に羨ましい限りで、そういう人は常に冷静に自分を見つめて、自分の力を低めに見積もっているのだろう。私なぞ、高校入試では第一志望に落ち、大学も一浪し、というありさまなのだが、この「試験挫折人生」は大学院入試落ちの後、さらに続くことになる（ところで、受かることは「合格」なのだが、落ちることは何というのだろう。「失格」なのだろうか）。

試験が終わった直後、私は重大なミスを犯したことに気づいた。和文英訳のなかで、否定文を訳すのに、主語に否定辞を使っておいて、さらに動詞でも否定してしまったのである。これでは二重否定だから肯定になってしまう。すーっと、体が冷たくなったのを記憶している。

当然、一次試験で落とされて、構内で発表を見て自分の番号がないのを確認した私は、落胆と将来への不安のためにそのまま家へ帰れず、歌舞伎座へ行って歌舞伎を観てからとぼとぼと帰途についた。そして、浪人してもう一度受けることにした。そのために留年をしたのだが、それで卒論を撤回した。英文科の助手に、卒論の撤回の仕方を訊きに行ったら、卒論面接の時に言えばいいのではないか、と言われ、そうした。

当時の私としてはかなり憔悴《しょうすい》した雰囲気で（意味分かりますね。その頃は呑気な人生だったということですよ）面接室へ入っていき、並んでいる先生方を前に、撤回したい、と申し出ると、卒論を読んでくれた中野里皓史《なかのりこうし》先生が、えっ、と言って、なんだ、やる気なくしちゃったな、とおっしゃった。その年の暮れに、中野里先生は急死した。

その際、院試ではどこがまずかったのか、と訊いてみると、「まあ、論述だけは良かったんだけどねえ……」という答えで、何のことはない、かなり点数は低かったらしい。

本当の本気を出して英語を学んでみた

私は一大決心をして、それからは語学の猛勉強をすることにした。煙草も半年はやめた。英文科の院試の過去の問題を見ていたら、この言葉について説明せよ、という文学史の問題のなかに、Romantic Agony というのがあって、何のことだか分からず、大学院へ行っていた同級生の宮本なほ子さん（現在アルヴィなほ子、東大教授）に訊いたら、マリオ・プラーツという人の本で、基本書だということだった。全然知らなかった。そこで早速神田の北沢書店へ行ってこれを贖い、冒頭から読み進めた（これは元は『肉体と死と悪魔』という題のイタリア語の本で、この一年後に日本語訳が出た）。

その一方、他の大学院を受けることも考えざるをえなかった。そこで頭に浮かんだのが、「比較」である。実はよく知らなかったのだが、これは学部のない独立大学院で、正式名称を比較文学比較文化といい、駒場で授業が行われるらしい。そこで調べてみると、わりあい魅力的な講義が揃っている。日本文学にも外国文学にも興味のある私なら、もっと早くこちらを受けることを考えても良さそうなものだったが、恐らくそんな大学院を出ても将来どうなるか分からない、と思っていたのだろう。けれど、ことここに至っては、そういうことは言っていられない。私は、秋に行われる比較の試験を受けることにした。そして比較の大学院へ行ったのだが、英文科のほうは受けなかった。だが、受けても受かっていたかどうかは疑わしい。

ところが、幸か不幸か、「比較」というのは、私には妙に居心地のいい場所だったのである。

困ったのは、これまで述べてきたごとく外国語の苦手な私としては、日本文化をやるのは一向に構わないのだが、かといってそんなに外国語を蔑《ないがし》ろにしていいのか、という懸念があったからである。ただし語学力について言えば、平川祐弘《すけひろ》教授などは英独仏伊四か国語を教えられるほどの語学の達人であった。けれど、どうも「比較」の授業に出てみると、これでは外国語力が落ちるのは確かだな、と思われたのである。事実、後で聞いた話だが、学部時代英語の良くできた人が、比較へ入ってからできなくなった、ということもあったようである。

その当時私は、語学については、熱心にフランス語の勉強をしており、アテネ・フランセへ通ってフランス語会話までやっていた。興味の範囲が広がっていた私は、舛添要一先生の政治学のゼミにまで出て、フランスの首相だったマンデス＝フランスに関するフランス語文献の講読までやっていた。

しかし、いかんせん才能がないというのは仕方のないもので、平川先生がやっていた学部学生のための初級イタリア語の授業に出た私は、どうも成績が良くなかった。

語学というものの厄介なところは、**常に何らかの形でやっていないとてきめんに力が落ちてしまう**という点である。実は古文書の読解もそうである。平川先生などは、「最近どうもドイツ語を忘れてきたので、非常勤で教えることにした」などと言っていた。怖い人である。結局私は、修士論文を書くためには語学ばかりやっているわけに行かず、というような理由づけを自分に対して行って、だんだん外国語の勉強を怠るようになる。

ただし、比較のような大学院へ行くと、就職の際、どの学科を出たかということがわりあい重視され、英語教師のポストは多いから、ということは英文科を出ている私はかなり有利だ、ということも分かったので、修士二年目には、極力英語を使う授業を取った。ここで私は、行《なめ》方《かた》昭夫《あきお》先生（一九三一－　）に出会ったのである。

英語の勉強法が革命的に変わった日

私の英語との関わり合いにおいて、行方先生との出会いは革命的であった。行方先生の授業は、ヘンリー・ジェイムズの作品を訳読するという、それこそ英語の授業の延長のようなものだったのだが、改めて真面目に出てみると、方針ははっきりしていた。まず、**大意を摑む、という考え方は取らず、単語一つ一つをゆるがせにせず、文法に則って隅から隅まで読んでいく、というやり方**なのである。実は私はそれまで、そういう英語の読み方というのをしたことがなかったのである。「うーん、ここにinがあるのはなぜでしょうねえ」などという疑問が出されるのを聞いて、私は驚嘆した。

その程度のことは、誰でもやっていることなのだが、「だいたい分かればいい」というアタマで英語や外国語一般に臨んできた私にはそれは革命的な衝撃だったのだ。もっとも、行方先生はこの後、『英文快読術』（岩波現代文庫）のような著書をベストセラーにするくらいだから、やはり英語教育の名人だったのだろう。その後自分が英語教師になってからも、基本的に私の教え方は行方流であった。だから、「速読」というのは私には教えられない。仮に速読があるとしても、それは行方流にきっちり文法を押さえ、一語一語読み取る訓練をしてからのことだと思っている。ただし、この方法は、多人数を教える際にはあまりうまくいかない。大学院のゼミはせいぜい、六、七人だったので、一人一人がどこで躓いているか指摘できる。この教え方を四十人相手にやるのは、不可能に近い。かつ、この方法は、英語をしっかり読むのには役立っても、会話とか作文とかいう方向には進まない。

この行方ゼミでは、いろいろ恥ずかしい思いもした。私の英語のできなさ加減をちょっと披露しておくが、「between you and I」という表現が出てきたとき、私はこれが「ここだけの話ですが」という意味であるのをすっかり忘れていて、「私とあなたの間では」とやって怒られてしまったのである。こんな初歩的なことで躓く自分が、つくづく情けなかった。

その後、修士論文を提出した際、行方先生は私を呼んで、論文は実に素晴らしかった、けれど君、これで英語ができれば鬼に金棒だね、と言ったのである。

そんなわけで、めでたく博士課程に進学はしたのであるが、語学の弱さについてはやはり不安が付きまとった。そして私は、留学する決心をしたのである。その頃日本に来ていたカナダのヴァンクーヴァーにあるブリティッシュ・コロンビア大学の鶴田欣也先生（一九三二-九九）

に会って、英文学専攻で留学してやっていけるとは思えないが、日本文学なら何とかなるのではないか、と思ったのである。ただし最初に鶴田先生に会った時、その場に芳賀先生やプリンストン大学のアール・マイナーがいて、芳賀先生から、君の修論の内容をマイナーさんに英語で話してごらん、と言われ、ほとんどしどろもどろになってしまった。それで後で鶴田先生から、君の英語力でやってけるかねえ、と不安がられたのである。

それはそうだろう。なにしろその時点では、私は英会話などというものをまともに勉強したことがなかったからである。大学院入試のために猛勉強した時も、院試対策だから、ほとんど「読む」ことに重点を置いて、「書く」ほうもやる、というやり方だったから、会話については何もしていなかったのだ。

ともかく、北米の大学へ入るには、ＴＯＥＦＬという試験である程度の点数を取らなければならない。ブリティッシュ・コロンビアの場合は六百点以上必要だったはずだ。私はつくづく、必要が生じなければ英語に関しては何もやらない、という人間なので、今日に至るまで「英検」などというものも受けたことがない。

留学に向けてTOEFLと英会話学校へ

ＴＯＥＦＬはマークシート方式の試験だが、実力が如実に出る作り方をしている。殊に第三部の聴き取りは、日本人にとっては難物で、その頃やはりTOEFLを受けた、英文科の俊英だった舌津《ぜっつ》智之（現在立教大学教授）も、「あの第三部だけやたら難しい」と言っていたものだ。第一部の長文読解などは、これまでやってきたことの延長上にあるので何とかなりそうだったが、聴き取りはたいへんである。私は本屋へ行って、**TOEFL用の問題集やカセットテープを買い込み、小型のカセットプレイヤーもわざわざ買って、常に英語を聴いているようにした。**

試験は確か二月に一回受けられたと思う。それで私は三回受けて、三回目でようやく六百点を超えたのである。それにしても、第三部の聴き取りは難物だった。なにせ問題集などで見るかぎり、理系のかなり専門的な話題まで飛び出してきて、これは読んでも分からないのではないかと思わせるほどだったからだ。

その一方で、この年からは本郷の英文科の大学院へも通って、高橋康也先生のゼミとか（大学院は担当していた）ジョージ・ヒューズ先生の授業とかに出席した。ヒューズ先生のゼミはもちろん英語だったが、驚くべし、私が英語で行われる授業にまともに出席したのは、博士課程一年のこの時だったのである。何でもっと早くから英語の勉強をしておかなかったかと悔やんだ、などというのはよく聞くせりふだが、こと私に関しては、「英語」というものへの関心のなさが徹底的だったから、やむをえまいな、と今は思う。

高橋先生のゼミは、『ハムレット』をじっくり読むというものだったが、ここでも一回恥を掻いたことがある。villain（悪人）という単語を、私が「ヴィレイン」と発音して発言したあとで、河合祥一郎さん（現在東大教授）が「ヴィラン」と言ったので、自分の発音の間違いに気づいたのである。それまでずっと視覚型の勉強しかして来なかったので、こういう思い違いを訂正される機会がなかったのだ。それにしても、この種の綴りと発音の非対応がないだけ、フランス語はいかに易しいか、と思ってしまうのは、たぶんフランス語で苦労したことがないからだろうが。

ヒューズ先生は、やはり日本の学生相手だからだろう、たいへんゆっくり話していた、ということに、留学後に気づいた。外国語の聴き取りでいちばん苦労するのは、まずスピードである。外国の大学で授業に出ると、だいたいこのスピードで分からなくなってしまう。けれど、一歩大学の外へ出ると、今度は、スピードもさることながら、スラングに悩まされる。

夏休みには、初めて、英会話学校というものへ通った。初めに外国人による面接を受けて、レヴェルに応じた教室へ行かされたはずだが、多分一番上のレヴェルだったと記憶する。もっとも市井の英会話学校へ行けば、全然英語などやったことのない人も来るわけだから、そうなるだけのことだ。

そのせいか、この授業はなかなか楽しかった。**単語力では私は他の生徒を圧倒しているから、**

恥を掻くこともあまりなかったからだ。もっとも、恥を掻くだのなんだのと言っていられるのも日本にいるあいだだけのことで、一旦海外へ出てしまえば、恥どころの騒ぎではなくなる。

留学しても苦労は続く

その後も、翌年の夏カナダへ出発するまで、英会話学校には通いつづけ、そのかたわら、英語のテープを聴いたり、**テレビで二か国語放送のドラマや映画があれば英語で聴いたり、ということを続けた。けれど、この後者、つまりドラマや映画を英語で観るというのが、私にはものすごく苦痛だったし、その後もずっと苦痛でありつづけた。**というのは、ニュースなどを英語で聴く分には、整った英語で話してくれるから、少々スピードが速くても何とか分かるのだが、映画やドラマとなると、砕けた物言いが多くなる。さらに、下層の世界を描いた映画なんか、凄まじいスラングの連続だから、何がなんだか分からない。その後、映画のシナリオなどを英語で読んだことがあるけれど、読むだけでも多量のスラングと格闘しなければならず、これでは聴いて分かろうはずがない、と思ったものだ。

留学先でも苦労したのは言うまでもない。最近ベストセラーを出して有名になっている北川智子という人は、学部と修士課程がブリティッシュ・コロンビア大学だったが、この人の場合、既に電子メールやインターネットが普及し始めた時代だから、日本の両親とはエアメールで通信するしかなかった私とは、孤独感が違うだろう。それに、もともと、文藝評論と学問の区別がついていないところへ、UBCでもポストモダンとか政治的正しさとかが支配的だったから、ほとんど支離滅裂だった。

結局、博士論文執筆資格試験に落とされて帰国し、阪大で英語教師になるのだが、阪大の五年間は、英語教師たちが同僚にいるので、いろいろ勉強になった。

今でも私は、英語の書籍をすらすら読む、ということはない。第一に、わざわざ英語で読むほど英語が好きではない。時おり、字幕のない映画を観るが、これは、分かりやすいのと分かりにくいのとがある。飛行機に乗れないので外国へ行かないが、もし行って大学の客員などになったら、苦労するだろう。

最近、小学校から英語をやるとか、大学では訳読をやめてコミュニケーション英語という、会話中心の英語教育にするとかいうことになっているが、愚かなことである。日本人は英語が苦手だなどとも言われるが、それは、英語圏のほか、インド、シンガポール、香港、フィリピン、エジプトなど、もともと英米領だった地域と比べたらできないのは当たり前である。

それに、中学や高校の英語の教師が、そもそも英語力のない人が多いのである。私の行った高校は進学校だったが、それでも英語の教師にろくなのがいなかった。一人は、pancakeを説明するのに、黒板に「薄っぺらいホットケーキのようなもの」と書いたから、頭を抱えた。

panがブレッドのことではなくてフライパンのパンであることくらい説明できないのであろうか。

訳読の重要性を、私も主張したい

その昔、ヴァイオリン教育の鈴木鎮一《しんいち》（一八九八－一九九八）が、誰でも才能を伸ばすことはできると言っていたが、それは無茶としても、**どの学科であれ、日本中の中学や高校の教師が優秀であれば、かなりのことはできる。だが現実にはそうではない。**このことは、言うと世間が青ざめるからみな言わないのである。仮に優秀な大学教員が教えれば優秀な中学・高校教師が育つのだとしても、それだけの数の優秀な大学教員もまた、いない。

そんな中で、**一貫して訳読の重要性を説いているのが、東大教授の菅原克也（一九五四－）で、『英語と日本語のあいだ』（講談社現代新書）という著書**がある。少し前に、この本に異論のありそうな人をツイッターで見つけたが、調べたら、地方で子供相手の英語教室を開いている人で、幼稚園児から小学校低学年が中心だった。それならいいのである。

人間の子供には、言語習得能力があって、それは九歳くらいで失われる。だから母語が身につくのである。なおこの能力には、文法修正の力すらあって、かつて思われていたように、間違った文法で話すと母親が訂正したりして直すのではない。このことは、ノーム・チョムスキー（一九二八－　）以後の言語学の成果である。岩波書店から、田中克彦（一九三四－　）の『チョムスキー』という、理論を理解していない批判本が出たのでずいぶん被害があった。チョムスキーはベトナム反戦などの反体制活動でも知られるが、それと言語理論との間には何の関係もない。ただしチョムスキー本人や、専門書は難解なので（これは不要な難解さではなくて、自然科学の難解さである）、毎度のことながら、酒井邦嘉《くによし》『言語の脳科学』（中公新書）、スティーヴン・ピンカー『人間の本性を考える』『言語を生み出す本能』（NHKブックス）あたりを読むといいだろう。あと専門家のものでは、郡司隆男『自然言語』（日本評論社）が、日本語に即してチョムスキー理論を解説していて分かりやすい。

チョムスキーに反感を持つ人は、価値相対主義や言語相対説に傾いている人で、「言語論的転回」を捨てきれない、現代思想系の人が主である。私が当初、チョムスキー理論を理解できなかったのも、そこに、言語が存在を規定するといった、常識をひっくり返す面白さがないからであり、普遍言語学のはずなのに、英文科を出た英語学者にチョムスキー学者が多いということに、英語帝国主義を感じたからである。後者は誤解である。

十九世紀の英国、二十世紀の米国の覇権のもとで、英語は世界共通語になったのであり、そのことで反感を感じる人もいるだろうし、私もかつてはそうだった。しかし英語を知っていたほうが得なのだから、その得を捨ててまで逆らうほどの意味はないと言っていいだろう。

帰国チャイルドのように、二言語環境で育つと、日本語と英語がどちらもできるようになる、と思う人もいるだろうが、帰国の人は、やはり漢字が苦手である。また一般に帰国は、親が優秀であることが多いため、遺伝的に知能が高いが、知能指数の低い子供を二言語環境で育てると、どちらの言語もうまくできなくなる。

もっともそれ以前に、生活の中で常に接している言語と、週に一回とか、教室へ行っている時とかだけに接する言語とでは、比較にならない。英語圏へ行って、英語が非常に巧みになった人の中には、日本語を忘れてしまう人もいる。

「辞書をひかずに原書」「英語を流しっぱなし」はよろしくない

さてそれで、野口悠紀雄の『「超」勉強法』の、英語のところが私は許せないのである。野口は英語の才能がある人らしく、高校生くらいで、読みたくて仕方がない英語の本を、辞書などひかずに分からないところは飛ばして読めといったことを書いている。だが、私には読みたくて仕方がない英語の本などというのはなかったと言ってもいい。ただ大学時代、ウンベルト・エーコの『薔薇《ばら》の名前』がベストセラーになっていて、まだ邦訳がなかった頃に、英訳を読んだことがある。おかげで私は、この小説をちゃんと読んだことがない。ただ、別に面白い小説ではなかったような気がする。

とにかく、そういう英語の勉強法は、いちばん良くないものである。あるいは、英語を流しっぱなしにしておくといつしか身につくとか、ずっと宣伝しているのも、十中八九効果はない。昔の、睡眠学習法のようなインチキである。

一方、ヨコタ村上孝之という人は、語学の才能があるらしく、英語もロシヤ語も達者である。これはもう才能であって、もてる人が留学すると、現地で恋人を作るから語学の上達が早いらしい。だがこれも、生来頭が悪い人には難しいだろう。

現代において、英語ができるということはかなり重要なことである。したがって、**まずちゃんと読めるようにするべきで、そのためには訳読がいい。そしてそれも独学ではなく、先生についてやるのがいい。というより、そうでないと訳読の意味がない。もう大学へ行っていないという人は、何とか教師を見つけてついてほしいが**、その教師が優秀でないとまずいから、地方の人などは難しいところだ。

訳読用のテキストは易しいほどいい

その訳読に使うテキストも、平易なものでなければならない。私は、阪大へ行く前に一年、短大で教えていて、研究社小英文叢書の『ナボコフ短編集』を使うという大失敗をしたことがある。ナボコフなんて論外の難解さである。以後は、平易な、英米作家短編集といったアンソロジーをもっぱら使っていた。**シェイクスピアなども論外だが、いいと思って使う人が多いのが、英語圏の新聞の論説である。あれはかなりひねくれた書き方をしているので、勉強には向いていない。**その短大でやはり英語を教えていた後輩は、途中で、**グリム童話の英訳を使っていたが、そのくらいがちょうどいい。**事情を知らない人がこれを聞いて、「大学で童話ですか」などと驚いていたが、そんなものである。

一般に人は、中学から六年もやっているのだからと、英語をなめている。私は大学から大学院にかけて、家庭教師をしていたことがあるが、本来頭が悪いわけではないのだが学校の勉強はできなかったその生徒は、某私大の二部へ入って、なおかつ私に教わっていたが、大学の英語のテキストが、ソローの『ウォールデン』だったから、無茶な教師に腹が立った。すごく難しい英語なのである。

もちろん、三十五歳くらいになった時点での私の英語力は、読解に関しては大学の英語教師の平均くらいにはなっていた。その後東大の一年生にも教えたが、中にはもちろん秀才もまれにいたけれど、昔ほどではなく、大したことはなかった。明治大学でも教えたが、残念ながら、明大英文科の三、四年生の英語力は、東大の一年生より劣っていた。それで英語教師になったりするのである。あとは推して知るべしで、下流大学は、それこそグリム童話の子供向け英訳でも使うのが至当だろう。

鈍牛の歩みしかない

その昔、英語は一部のエリートだけが学べばいいという、参議院議員・平泉渉《わたる》（一九二九－）の論に英語学者の渡部昇一が反論して論争になったことがあり、これは論争の中でも稔りのあったものとされ、『英語教育大論争』として著作になっている（文春文庫）が、すべての中高生に、優れた教師がゆきわたらないという厳然たる事実の前には、エリート教育論が説得力を持つだろう。

こと私に関して言えば、持ち前の才能がなかったため、英語は苦労したということになるが、してみれば、**たいていの人は、鈍牛の歩みのように、たくさんの英文を読み、単語を覚えして、長くかからなければ英語は習得できないということ**である。

その昔、作家の坂口安吾がノイローゼになって、外国語を学ぶことで抜け出したという話を、柄谷行人が言っていたことがある。外国語学習というのは必ず前へ進むから、精神衛生にいい、というのである。だがこれは、やはり外国語学習の好きな人にしかあてはまるまい。私も神経症ではずいぶん苦しんだが、とても外国語どころではなかった。むしろそんなことをしたら悪化していたのではないか。大杉栄も、入獄するたびに獄中で新しい外国語を学んだというが、どうも、外国語が得意な人は、もてる人が多いような気がする。

つまりたとえば留学して、現地の恋人ができたら上達も早いといったことである。だがこれには例外もあるし、布施明などオリヴィア・ハッセーと結婚したが、どうもあまり英語はできなかったらしい。

ところで最近気づいたのだが、明治大学や國學院大學を出て、立派な国文学や国史学の学者になる人がいるが、これは英語が苦手なので東大などへ行けなかった口らしい。実際、国文学者で、英語に関してとんでもない間違いをしでかす人もいる。作家の大庭《おおば》みな子（一九三〇-二〇〇七）も、夫の仕事の関係でアメリカに滞在したが、英語がうまくならず、それは日本語への愛が強いからだと考えてみずからを慰めたという。

まあいずれにせよ、天賦の才能のある人をのぞくと、英語というのは地道にやるしかないということだ。学生のうちに英会話学校へ行けば、異性との出会いもあるかもしれないし、これはおすすめである。

ところで最近は「新訳」ブームだが、いわゆる海外の古典もので、それまでの翻訳がひどかったという例（たとえば『ティファニーで朝食を』の古いものなど）をのぞくと、何人もの手によって何度も訳されているものが、新訳によって目ざましく変わる、ということはない。もちろん、橋本治の『桃尻語訳　枕草子』みたいにしてしまえば別だが。

結局、**外国語というのは、天性の才能が結構ものを言うので、それがなく、かつずっと日本にいる限りは、ぺらぺらしゃべれるようになるということはないものと考えるほかはない**のだ。

＊

最後に、結婚とか生活習慣とか

渡部昇一の『知的生活の方法』には、知的生活をするためには結婚すべきかとか、パンやワインのことまで書いてある。このへんが、バカにされるゆえんでもあるのだが、女性のエクスタシーが一週間つづく、などとあるのを別にしたら、そういうことまで書く渡部の実務家ぶりが、私には好ましく思えるのである。

ちなみに、加藤周一は三度くらい結婚していて、確か二人目がオーストリア人で、最後がジャーナリストの矢島翠（一九三二―二〇一一）である。梅棹には普通の夫人がおり、呉智英は独身だが、顔もいいしけっこうもてるのではないかとも言われている。

渡部の場合、男のことしか考えていないらしく、それではいけないのだが、女のこととなると、私にも想像することしかできなくなる。結婚するとおのずと勉強の時間を奪われるということはあって、せっかく勉強に充《あ》てるつもりでいた休日に、妻から、家族サービスもしてちょうだいと言われてあちこち出かけるといったことにもなりかねない。

渡部や、「妻無用論」を書いた梅棹には、結婚というのは、するか、しないかという問題だったのが、もはや現代では、結婚できるか、できないかという問題になってきている。できたらするもよし、しないもよし、と言えば言えるが、何といってもいけないのは、色香に迷って性格の悪い女と結婚したりすることであろう。美人は性格の悪い率が高い。気を付けたほうがいい。

しかし、結婚しないとなると、食生活や性生活に不便をきたす。性生活のことは別の本に譲るとして、食生活は、別に知的生活に関係なく大切である。肥満とか外食はなるべく避けたほうがいいことで、ただ結婚できなかった男が、外食やら何やらで不健康になるのは、悲哀感が漂ってそれはそれでいいかもしれない。

しかし、最近は週刊誌が、購読者が高齢化しているため、こぞって病気や健康のことばかり書いているが、だいたい医者などが勧める健康法とか生活習慣というのは、普通の勤め人には実践不可能なことが多い。過労死しようかという環境で、そういう人の勧めるような生活ができるものかどうか、問い詰めたくなるくらいだ。ストレスがたまれば酒やたばこに逃げるし、時間がなければカップ麵などで食事を済ますことも、濃いスープの立ち食いそばで済ますこともある。

英語学の泰斗《たいと》とされる斎藤秀三郎（一八六六―一九二九）の勉強ぶりは破格で、没後、行李いっぱいに未開封の手紙があった。中身の分かっている手紙は、開封して見るだけ時間の無駄だと言っていたという。また、四人の子供がいたが、おのおのの結婚式にはどうしても出席しなければならないから、それだけ勉強の時間を損すると言っていたともいう。もっとも、藝者をあげて遊ぶのが唯一の趣味だったというから、どうもこうした逸話も、大したものではないかもしれない。

しかし、酒飲みで大成しない学者は多い。私は煙草を吸うが、これは勉強や執筆の邪魔にはならない。酒は明らかに邪魔になる。とはいえ、酒や煙草は素質のもので、いったん覚えてしまうと、やめるというのは難しい。しかし重度のアルコール中毒になると、命に係わるから、これは注意してほしい。日本には、酒が飲めることを美徳とするみたいなよくない風土があるので、そういう人の扇動に乗らないことである。

私には大して健康法はないのだが、一、二年前、体重が七十キロを超えて、まずいと思ったので、お菓子とか夜食を控えて、夜に散歩をすることにした。昼間は人が多くてうるさいからである。私は散歩というのは飽きてしまっていけないのだが、谷崎潤一郎が金剛杖《こんごうづえ》をついて散歩に出たというので、金剛杖を買い、それを突いて、ちゃりんちゃりんと音をさせながらの散歩である。時にはそのままコンビニへも行く。あまり人に会うことはないが、いくらか世間で、あれは何だろうとか、家の中にいる人も、あの音は何だろうと思っているかと考えると、少し楽しい。

　ところで近ごろは「育メン」とかで育児する父親が増えているようだが、果して育児をしつつ知的に生活することは出来るだろうか。育児をして作家として大成した曾野綾子のような人はいるが、学問の世界では今のところ、微妙なラインだと言える。育児をした女性学者の業績で、「大成」と言えるかどうか疑わしい例はあるが、大きな仕事をした女性学者は、おおむね子供はない。

知の年表

1946　丸山眞男「超国家主義の論理と心理」／桑原武夫「第二藝術」／小林太市郎『大和繪史論』／石母田正『中世的世界の形成』／宮崎市定『科學』

1947　平野謙『島崎藤村』／田中美知太郎『ロゴスとイデア』

1948　吉田精一『明治大正文學史』／石田英一郎『河童駒引考』／川島武宜『日本社會の家族的構成』／吉川逸治『中世の美術』／ベネディクト『菊と刀』訳

1949　松田道雄『赤ん坊の科學』／井上清『日本女性史』／蠟山政道『日本における近代政治学の発達』／南博『社会心理學』

1950　小島祐馬『中国の革命思想』／玉上琢弥「物語音読論序説」／和辻哲郎『鎖國 日本の悲劇』／藤間生大『埋もれた金印』／服部之総『明治の政治家たち』／末弘厳太郎『日本勞働組合運動史』／ハーバート・ノーマン『忘れられた思想家 安藤昌益のこと』訳

1951　野田宇太郎『日本耽美派の誕生』／林達夫『共産主義的人間』／桑原武夫編『ルソー研究』／堀一郎『民間信仰』／ハヤカワ『思考と行動における言語』訳

1952　丸山『日本政治思想史研究』／和辻『日本倫理思想史』／信夫清三郎『大正政治史』／藤田五郎『封建社會の展開過程』

1953　高群逸枝『招婿婚の研究』／柳田國男『不幸なる藝術』／ボーヴォワール『第二の性 1』訳

1954　中村光夫『志賀直哉論』／本多秋五『「白樺」派の文学』／波多野勤子『幼児の心理』

1955　吉田精一『自然主義の研究(上)』／金関丈夫『木馬と石牛』／遠山茂樹・今井清一・藤原彰『昭和史』／伊谷純一郎『高崎山のサル』／宮沢俊義　国分一太郎　堀文子『わたくしたちの憲法』／『ユング著作集』訳

1956　江藤淳『夏目漱石』／臼井吉見『近代文学論争(上)』／秋庭太郎『日本新劇史』／三枝博音『日本の唯物論者』／小倉金之助『近代日本の数学』

1957　安倍能成『岩波茂雄傳』／大野晋『日本語の起源』／石母田正『平家物語』

1958　伊藤整「近代日本における『愛』の虚偽」／平野謙『藝術と實生活』／中村光夫『二葉亭四迷傳』／高見順『昭和文學盛衰史』／ホイジンガ『中世の秋』訳

1959　河上徹太郎『日本のアウトサイダー』／中根千枝『未開の顔・文明の顔』／ルージュモン『愛について』訳

1960　橋川文三『日本浪曼派批判序説』／唐木順三『無用者の系譜』／川添登『民と神の住まい』／大村喜吉『斎藤秀三郎伝』／土居光知『古代伝説と文学』／宮本常一『忘れられた日本人』／遠山啓『数学入門』／サルトル『存在と無』訳

1961　河盛好蔵『フランス文壇史』／丸山『日本の思想』／柳田泉・勝本清一郎・猪

野謙二編『座談会明治文学史』／貝塚茂樹『諸子百家』

1962 谷沢永一『大正期の文藝評論』／安東次男『澱河歌の周辺』／泉靖一『インカの祖先たち』／福武直『世界農村の旅』／時実利彦『脳の話』／ブランショ『文学空間』訳

1963 伊藤整『日本文壇史』(1953–)／中西進『万葉集の比較文学的研究』／福原麟太郎『チャールズ・ラム傳』／三田村泰助『宦官』／土方定一『ブリューゲル』／添田知道『演歌の明治大正史』

1964 澁澤龍彦『サド侯爵の生涯』／林房雄『大東亜戦争肯定論』／小川鼎三『医学の歴史』／上野照夫『インドの美術』／桑原『『宮本武蔵』と日本人』

1965 野口冨士男『徳田秋聲傳』／吉本隆明『言語にとって美とはなにか』／尾崎秀樹『大衆文学論』／望月信成・佐和隆研・梅原猛『仏像・心とかたち』／柳田泉『明治初期の文学思想』

1966 中村幸彦『戯作論』／富士川英郎『江戸後期の詩人たち』／後藤亮『正宗白鳥 生涯と文学』／高橋康也『エクスタシーの系譜』／本多秋五『物語戦後文学史』／木村重信『カラハリ砂漠』／メルロ・ポンティ『眼と精神』訳／ホッケ『迷宮としての世界』訳／『スポック博士の育児書』訳

1967 梅棹忠夫『文明の生態史観』／平岡敏夫『北村透谷研究』／河竹登志夫『比較演劇学』／川島武宜『日本人の法意識』／江藤淳『成熟と喪失』／西郷信綱『古事記の世界』／江上波夫『騎馬民族国家』／梅原猛『地獄の思想』／中根千枝『タテ社会の人間関係』／鶴見俊輔『限界芸術論』／島田虔次『朱子学と陽明学』／内田義彦『日本資本主義の思想像』／レヴィ＝ストロース『悲しき熱帯』訳

1968 服部幸雄『歌舞伎成立の研究』／益田勝実『火山列島の思想』／塩谷賛『幸田露伴』／吉本『共同幻想論』／羽仁五郎『都市の論理』／高橋健二『グリム兄弟』／上原和『玉蟲厨子の研究』／ヴィトゲンシュタイン『論理哲学論考』訳／マクルーハン『グーテンベルグの銀河系』訳

1969 梅棹『知的生産の技術』／小堀桂一郎『若き日の森鷗外』／中野好夫『スウィフト考』／上山春平編『照葉樹林文化』／アウエルバッハ『ミメーシス』訳

1970 廣末保『悪場所の発想』／白川静『漢字』／北小路健『木曽路文献の旅『夜明け前』探究』／亀井俊介『近代文学におけるホイットマンの運命』／今尾哲也『変身の思想』／辻惟雄『奇想の系譜』／上田正昭『日本神話』／塩野七生『チェーザレ・ボルジアあるいは優雅なる冷酷』／高田誠二『単位の進化』／村上信彦『明治女性史』(69–72)

1971 水上勉『宇野浩二伝』／中村真一郎『頼山陽とその時代』／平川祐弘『和魂洋才の系譜』／高階秀爾『ルネッサンスの光と闇』／陳舜臣『実録アヘン戦争』／土居健郎『「甘え」の構造』／村上陽一郎『西欧近代科学』／ジラール『欲望の現象学』訳／ケネス・クラーク『ザ・ヌード』訳／クルツィウス『ヨーロッパ文学とラテン中世』訳／ソンタグ『反解釈』訳

1972　西郷信綱『古代人と夢』／廣松渉『世界の共同主観的存在構造』／野村尚吾『伝記谷崎潤一郎』／前田愛『幕末・維新期の文学』／山崎正和『鷗外　闘う家長』／草森紳一『江戸のデザイン』／梅原猛『隠された十字架』／プロップ『民話の形態学』訳／ソシュール『一般言語学講義』訳／エンプソン『曖昧の七つの型』訳／デリダ『根源の彼方に グラマトロジーについて』訳／レヴィ＝ストロース『構造人類学』訳／ラカン『エクリ1』訳
1973　前田愛『近代読者の成立』／丸谷才一『後鳥羽院』／速水融『近世農村の歴史人口学的研究』／川村二郎『銀河と地獄　幻想文学論』／野口武彦『谷崎潤一郎論』／ドゥルーズ『マゾッホとサド』訳／ヤコブソン『一般言語学』訳
1974　中野好夫『蘆花徳冨健次郎』／渡辺保『女形の運命（六代中村歌右衛門）』／足立巻一『やちまた（本居春庭）』／荒正人『漱石研究年表』／宇沢弘文『自動車の社会的費用』／阿部謹也『ハーメルンの笛吹き男』／池田健太郎『プーシキン伝』／山内得立『ロゴスとレンマ』／バフチーン『フランソワ・ラブレーの作品と中世・ルネッサンスの民衆文化』訳／フーコー『言葉と物』訳／バルト『表徴の帝国』訳
1975　加藤周一『日本文学史序説』／山口昌男『道化の民俗学』／中村幸彦『近世文藝思潮攷』／村松剛『死の日本文學史』／大橋健三郎・斎藤光・大橋吉之輔編『総説アメリカ文学史』
1976　渡部昇一『知的生活の方法』／秋庭太郎『永井荷風傳』／河野多恵子『谷崎文学と肯定の欲望』／島田謹二『日本における外国文学』／河合隼雄『母性社会日本の病理』／前田愛『成島柳北』／小松茂美『平家納経の世界』／加藤九祚『天の蛇　ニコライ・ネフスキーの生涯』／坂部恵『仮面の解釈学』／チョムスキー『言語と精神』訳／レヴィ＝ストロース『野生の思考』訳
1977　蓮實重彦『反＝日本語論』／岸田秀『ものぐさ精神分析』／曾根博義『伝記伊藤整』／フーコー『監獄の誕生』訳
1978　柄谷行人『マルクスその可能性の中心』／網野善彦『無縁・公界・楽』／大岡信『うたげと孤心』／種村季弘『ザッヘル＝マゾッホの世界』／河盛好蔵『パリの憂愁 ボードレールとその時代』／渡辺京二『北一輝』／鶴見和子『南方熊楠』／渡邊守章『虚構の身体』／レヴィ＝ストロース『親族の基本構造』訳
1979　篠沢秀夫『篠沢フランス文学講義1』／村上泰亮・佐藤誠三郎・公文俊平『文明としてのイエ社会』／立花隆『アメリカ性革命報告』／ロラン・バルト『物語の構造分析』訳
1980　柄谷『日本近代文学の起源』／栗本慎一郎『幻想としての経済』／高田衛『八犬伝の世界』／河竹『作者の家 黙阿弥以後の人びと』／十川信介『島崎藤村』／朝永振一郎『物理学とは何だろうか』／ノースロップ＝フライ『批評の解剖』訳／バルト『恋愛のディスクール・断章』訳／カール・ポパー『推測と反駁』訳

1981　中野三敏『戯作研究』／丸山圭三郎『ソシュールの思想』／高山宏『アリス狩り』／海老沢敏『ルソーと音楽』／山田一郎『寺田寅彦覚書』／富士川『菅茶山』／木下是雄『理科系の作文技術』／栗本『パンツをはいたサル』

1982　臼田昭『ピープス氏の秘められた日記』／柳父章『翻訳語成立事情』／上野千鶴子『セクシィ・ギャルの大研究』／金田一春彦『十五夜お月さん　本居長世人と作品』／前田愛『都市空間のなかの文学』／中村哲郎『西洋人の歌舞伎発見』／藤森照信『明治の東京計画』／大橋健三郎『フォークナー研究』／勝俣鎮夫『一揆』／村上陽一郎『科学史の逆遠近法』／ケネス・バーク『動機の文法』訳／カーモード『ロマン派のイメージ』訳／イーザー『行為としての読書』訳／ソンタグ『隠喩としての病』訳

1983　浅田彰『構造と力』／西部邁『大衆への反逆』／磯田光一『鹿鳴館の系譜』／新庄嘉章『天国と地獄の結婚 ジッドとマドレーヌ』／井筒俊彦『意識と本質』

1984　五味文彦『院政期社会の研究』／中沢新一『チベットのモーツァルト』／芳賀徹『絵画の領分』／神坂次郎『元禄御畳奉行の日記』／村上泰亮『新中間大衆の時代』／網野『日本中世の非農業民と天皇』／山崎正和『柔らかい個人主義の誕生』／波木井皓三『新派の芸』／浅田『逃走論』／ドナルド・キーン『百代の過客』訳／吉本『マス・イメージ論』／江藤『自由と禁忌』／クリステヴァ『恐怖の権力』訳／イリイチ『ジェンダー』訳

1985　中村真一郎『色好みの構造』／小西甚一『日本文藝史1』／相馬正一『評伝太宰治』／守屋毅『近世藝能興行史の研究』／菅野昭正『ステファヌ・マラルメ』／岩井克人『ヴェニスの商人の資本論』／大笹吉雄『日本現代演劇史　明治・大正篇』／若桑みどり『薔薇のイコノロジー』／佐伯彰一『自伝の世紀』／船山隆『ストラヴィンスキー』／加藤典洋『アメリカの影』／黒澤亜里子『女の首 逆光の『智恵子抄』／小森陽一「『こゝろ』を生成する『心臓』」／ジェラール・ジュネット『物語のディスクール』訳／クリプキ『名指しと必然性』訳／イーグルトン『文学とは何か』訳

1986　井上章一『つくられた桂離宮神話』／網野『異形の王権』／猪瀬直樹『ミカドの肖像』／田中優子『江戸の想像力』／山内昌之『スルタンガリエフの夢』／上野『女という快楽』／エドワード・サイード『オリエンタリズム』訳／リオタール『ポストモダンの条件』訳／ドゥルーズ&ガタリ『アンチ・オイディプス』訳／プラーツ『肉体と死と悪魔』訳／フーコー『性の歴史1』訳

1987　徳田武『日本近世小説と中国小説』／井波律子『中国的レトリックの伝統』／川崎寿彦『森のイングランド』／中村洪介『西洋の音、日本の耳』／望月洋子『ヘボンの生涯と日本語』／ベネディクト・アンダーソン『想像の共同体』訳／テリー・イーグルトン『クラリッサの凌辱』訳／ベイトソン『精神の生態学』訳／レヴィナス『タルムード四講話』訳

1988　山口瑞鳳『チベット』／笠谷和比古『主君「押込」の構造』／山田慶児『黒い言

葉の空間』／蓮實『凡庸な芸術家の肖像』／網野・上野・宮田登『日本王権論』／ギルバート＆グーバー『屋根裏の狂女』訳

1989　内山美樹子『浄瑠璃史の十八世紀』／尾崎秀樹『大衆文学の歴史』／西村三郎『リンネとその使徒たち』／森洋子『ブリューゲルの「子供の遊戯」』／大澤真幸『行為の代数学』／福田和也『奇妙な廃墟』／江藤『閉された言語空間』／ブルデュー『ディスタンクシオン1』訳

1990　本田和子『女学生の系譜』／水落潔『上方歌舞伎』／今谷明『室町の王権』／倉塚平『ユートピアと性』／宮下志朗『本の都市リヨン』／青木保『「日本文化論」の変容』／ヘルマン・オームス『徳川イデオロギー』訳

1991　井上章一『美人論』／服藤早苗『平安朝の母と子』／高島俊男『水滸伝と日本人』／鳥越文蔵『元禄歌舞伎攷』／山本博文『江戸お留守居役の日記』／ウェイン・ブース『フィクションの修辞学』訳

1992　平岡敏夫『「坊つちやん」の世界』／田中貴子『<悪女>論』／藤田洋『演劇年表』／上野　富岡多恵子　小倉千加子『男流文学論』／カントーロヴィチ『王の二つの身体』訳／フランシス・フクヤマ『歴史の終わり』訳／グリーンブラット『ルネサンスの自己成型』訳

1993　富岡多恵子『中勘助の恋』／木下直之『美術という見世物』／河竹登志夫『黙阿弥』／濱田啓介『近世小説・営為と様式に関する私見』／吉澤夏子『フェミニズムの困難』／中村隆英『昭和史』／多田富雄『免疫の意味論』／絓秀実『文芸時評というモード』

1994　井上章一『法隆寺への精神史』／千葉俊二『谷崎潤一郎　狐とマゾヒズム』／三浦雅士『身体の零度』／斎藤美奈子『妊娠小説』／宮台真司『制服少女たちの選択』／松浦寿輝『エッフェル塔試論』

1995　米倉迪夫『源頼朝像』／大石慎三郎　佐藤常雄『貧農史観を見直す』／中井久夫『家族の深淵』／阿部良雄『シャルル・ボードレール 現代性の成立』／兵藤裕己『太平記「よみ」の可能性』／吉田守男『京都に原爆を投下せよ ウォーナー伝説の真実』／田中英道『日本美術全史』

1996　中島義道『うるさい日本の私』／永沢光雄『AV女優』

1997　藤目ゆき『性の歴史学』／中島秀人『ロバート・フック　ニュートンに消された男』

1998　四方田犬彦『映画史への招待』／井上章一『南蛮幻想　安土城へ／ユリシーズ』／平野共余子『天皇と接吻』／門玲子『江戸女流文学の発見』／東浩紀『存在論的、郵便的』／小熊英二『<日本人>の境界』／ハンチントン『文明の衝突』訳

1999　赤川学『セクシュアリティの歴史社会学』／西尾幹二『国民の歴史』／小谷野敦『もてない男』／西村三郎『文明のなかの博物学』／渡部直己『不敬文学論序説』／日野龍夫『服部南郭伝攷』

2000　白石隆『海の帝国』／長島弘明『秋成研究』／猪瀬直樹『ピカレスク　太宰治

伝』／佐伯順子『恋愛の起源』／ソーカル＆ブリクモン『「知」の欺瞞』訳

2001　河合祥一郎『ハムレットは太っていた!』／萩原延壽『遠い崖 サトウ日記抄』／岡田暁生『オペラの運命』／東浩紀『動物化するポストモダン』／池内紀『ゲーテさんこんばんは』

2002　酒井邦嘉『言語の脳科学』／長部日出雄『桜桃とキリスト もう一つの太宰治伝』／羽入辰郎『マックス・ヴェーバーの犯罪』／加藤徹『京劇』／池内恵『現代アラブの社会思想』

2003　古田博司『東アジア・イデオロギーを超えて』／磯田道史『武士の家計簿』／杉野要吉『ある批評家の肖像 平野謙の<戦中・戦後>』／山本義隆『磁力と重力の発見』／酒井順子『負け犬の遠吠え』

2004　宮澤淳一『グレン・グールド論』／赤川『子どもが減って何が悪いか!』／黒岩比佐子『「食道楽」の人村井弦斎』／中込重明『落語の種あかし』／川島真『中国近代外交の形成』／宮下規久朗『カラヴァッジョ』／ハロルド・ブルーム『影響の不安』訳

2005　筒井清忠『西条八十』／斎藤希史『漢文脈の近代』／小川剛生『二条良基研究』／坪内祐三『『別れる理由』が気になって』／水谷尚子『「反日」解剖』

2006　長谷川郁夫『美酒と革嚢　第一書房・長谷川巳之吉』／前野みち子『恋愛結婚の成立』

2007　若島正『ロリータ／ロリータ／ロリータ』／吉岡栄一『文芸時評 現状と本当は恐いその歴史』／最相葉月『星新一』／渡辺利雄『講義アメリカ文学史』

2008　栗原裕一郎『<盗作>の文学史』／岡田温司『フロイトのイタリア』

2009　持田叙子『荷風へ／ようこそ』／矢内賢二『空飛ぶ五代目菊五郎』／紅野謙介『投機としての文学』／小熊『1968』／本郷和人『天皇はなぜ生き残ったか』

2010　山城むつみ『ドストエフスキー』／渡辺裕『歌う国民』／野崎歓『異邦の香り／ネルヴァル「東方紀行」論』／福田千鶴『江の生涯』／輪島裕介『創られた「日本の心」神話』

2011　竹内洋『革新幻想の戦後史』／木下聡『中世武家官位の研究』／桜井英治『贈与の歴史学』

2012　岩橋邦枝『評伝 野上彌生子』／六車由実『驚きの介護民俗学』／玉蟲敏子『俵屋宗達』／劉岸偉『周作人伝』／亀山郁夫『謎とき『悪霊』』／杉田英明『アラビアン・ナイトと日本人』

著者略歴

小谷野敦《こやの・あつし》

一九六二年茨城県生まれ、埼玉県育ち。比較文学者、作家。東京大学英文学科卒、同大学院比較文学比較文化専攻博士課程修了。学術博士。『もてない男』（ちくま新書）、『日本人のための世界史入門』（新潮新書）、『聖母のいない国』（青土社、河出文庫、サントリー学芸賞受賞）、『谷崎潤一郎伝』『川端康成伝』（ともに中央公論新社）など著書多数。

小説に『母子寮前』（文藝春秋、芥川賞候補）、『悲望』（小社）、『童貞放浪記』（小社、二〇〇九年夏映画化）、『中島敦殺人事件』（論創社）がある

幻冬舎新書　316

面白いほど詰め込める勉強法
究極の文系脳をつくる

二〇一三年九月三十日　第一刷発行

著者　小谷野　敦
発行人　見城　徹
編集人　志儀保博

発行所　株式会社　幻冬舎
〒一五一-〇〇五一　東京都渋谷区千駄ヶ谷四-九-七
電話　〇三-五四一一-六二一一(編集)
〇三-五四一一-六二二二(営業)
振替　〇〇一二〇-八-七六七六四三

ブックデザイン　鈴木成一デザイン室
印刷・製本所　株式会社　光邦

検印廃止

Printed in Japan　ISBN978-4-344-98317-5 C0295
こ-6-6

幻冬舎ホームページアドレス http://www.gentosha.co.jp/
＊この本に関するご意見・ご感想をメールでお寄せいただく場合は、comment@gentosha.co.jp まで。

幻冬舎新書

小谷野敦

日本の有名一族
近代エスタブリッシュメントの系図集

家系図マニアで有名人好き、名声にただならぬ執着をもつ著者による近代スター一族の系譜。政治経済、文学、古典芸能各界の親戚関係が早わかり。絢爛豪華な67家の血筋をたどれば、近代の日本が見えてくる!!

小谷野敦

日本の歴代権力者

聖徳太子から森喜朗まで国家を牽引した一二六名が勢揃い!! その顔ぶれを並べてみれば日本の歴史が一望できる。〈真の権力者はNo.1を陰で操る〉独特の権力構造も明らかに。

小谷野敦

日本文化論のインチキ

「日本語は曖昧で非論理的」「日本人は無宗教」……いわゆる日本文化論には、学問的に論証されていない怪しいテーゼが多い。70年代以降の〝名著〟100冊余を一挙紹介、その真偽を一刀両断!

小谷野敦

猿之助三代

劇界の様々な名跡の中、江戸後期に誕生した「猿之助」は、その奇抜な創造性と伝統への反骨精神で劇界を隆盛させてきた。彼ら新興一門はどう生まれ花開いたか。異端の血筋の苦難と栄光の歴史。

幻冬舎新書

小谷野敦

21世紀の落語入門

「聴く前に、興津要《おきつかなめ》編のネタ集『古典落語』を読むとよく分かる」「寄席へ行くより名人のCD」「初心者は志《し》ん朝《ちょう》から聴け」……ファン歴三十数年の著者が、業界のしがらみゼロの客目線で楽しみ方を指南。

伊藤真

続ける力

仕事・勉強で成功する王道

「コツコツ続けること」こそ成功への最短ルートである！　司法試験界のカリスマ塾長が、よい習慣のつくり方、やる気の維持法など、誰の中にも眠っている「続ける力」を引き出すコツを伝授する。

菊間ひろみ

英語を学ぶのは40歳からがいい

3つの習慣で力がつく驚異の勉強法

やるべきことの優先順位も明確な40歳は英語に対する「切実な想い」「集中力」が高く、英会話に不可欠な社会経験も豊富なため、コツさえつかんで勉強すれば英語力はぐいぐい伸びる！

深代千之　長田渚左

スポーツのできる子どもは勉強もできる

「東大入試に体育を」と提唱するスポーツ科学の第一人者と、数々のトップアスリートを取材してきたジャーナリストが、学力と運動能力の驚くべき関係を明らかにする。「文武両道」子育てのすすめ。

幻冬舎新書

伊藤洋介
上司は部下の手柄を奪え、部下は上司にゴマをすれ
会社にしがみついて勝つ47の仕事術

絶対クビにならずに会社人生をまっとうするための、忘れ去られた美徳とも言うべきマナーや義務を多くの具体例と共に詳述する逆説的仕事論。あなたのサラリーマン常識は完全に間違っている!!

石田淳
始める力

英会話やダイエットなど、始めたいのにできない人の役に立つのが「行動科学マネジメント」のメソッド。「ハードルを下げる」「小さなゴールをつくる」「形から入る」などの始めるヒント17。

相原孝夫
仕事ができる人はなぜモチベーションにこだわらないのか

モチベーションは、ささいなことで上下する個人の気分。成果を出し続ける人は、自分の気分などには関心がない。高いモチベーションなど幻だ。気持ちに左右されない安定感ある働き方を提言する。

竹内健
世界で勝負する仕事術
最先端ITに挑むエンジニアの激走記

半導体ビジネスは毎日が世界一決定戦。世界中のライバルと鎬を削るのが当たり前の世界で働き続けるとはどういうことなのか？　フラッシュメモリ研究で世界的に知られるエンジニアによる、元気の湧く仕事論。

近藤勝重

書くことが思いつかない人のための文章教室

ネタが浮かばないときの引き出し方から、共感を呼ぶ描写法、書く前の構成メモの作り方まで、すぐ使える文章のコツが満載。例題も豊富に収録、解きながら文章力が確実にアップする！

笠井奈津子

甘い物は脳に悪い

すぐに成果が出る食の新常識

食生活を少し変えるだけで痩せやすくなったり、疲れにくくなったり、集中力が高まる身体のメカニズムを具体的に解説。食事が仕事に与える影響の大きさを知れば、食生活は劇的に変わる！

小笹芳央

「持ってる人」が持っている共通点

あの人はなぜ奇跡を何度も起こせるのか

勝負の世界で〝何度も〟奇跡を起こせる人を「持ってる人」と呼ぶ。彼らに共通するのは、①他人②感情③過去④社会、とのつきあい方。ただの努力と異なる、彼らの行動原理を４つの観点から探る。

小宮一慶

ぶれない人

「ぶれない」とは、信念を貫くことである。だが、人は目先の利益にとらわれ、簡単に揺らいでしまう。長期的には信念を貫ける人ほど成功できるのだ。人気コンサルタントが本音で語る成功論。